決裁者マッチング

Keyperson Based Matching

BtoB営業で
圧倒的に成果を出す

株式会社オンリーストーリー
取締役COO
川角 健太

はじめに
～決裁者マッチングが切り開くB to B営業の新たな未来～

はじめまして。本書を手に取っていただき、ありがとうございます。株式会社オンリーストーリーの取締役ＣＯＯ、川角健太と申します。本書は、Ｂ toＢ営業において、今注目されている「決裁者マッチング」という新たな手法について、僕たちの経験と共に、その成功の秘訣をお伝えするものです。

皆様は、日々、どのように事業を成長させるか、営業活動をどう進めていくべきかを常に考えていることでしょう。僕は、９年間営業部門を管掌してきた立場から、皆様を戦友と捉えています。そして、Ｂ toＢ営業の世界では常に新しい手法や選択肢が増え続けていますが、僕たちが開発し実践してきた「決裁者マッチング」という手法を、ぜひ新たな選択肢の一つとして知っていただきたいと考えています。

僕は、「決裁者マッチング」が皆様の営業活動における課題を解決に導くことができると確信しています。だからこそ、同じ立場で日々戦っている皆様へ、その可能性を知っていただきたいのです。これから初めてお金をかけて営業活動に取り組む人、今実施中の施策に行き詰まりを感じている人、現状の施策が好調な今だからこそ次の導線を模索している人、既に決裁者マッチングや経営者交流会を活用しているが思うように成果を上げられていない人、状況は様々だと思いますが、本書の内容が必ず現状を打破するヒントになるはずです。

決裁者マッチングの可能性

「決裁者マッチング」とは、決裁権を持つキーパーソンに直接アクセスし、商談の質を飛躍的に高める営業手法です。僕たちはこれまで10年間にわたり、1万人以上の決裁者と出会い、10万件を超えるマッチングを実現してきました。多くの企業が、担当者を経由して商談を進める中、最終的に決裁者の「ＮＯ」で案件が止まってしまうことがよくあります。この問題を解決するためには、最初から決裁者と直接繋がることが重要です。

以前は決裁者に会えるサービスが存在しませんでしたが、昨今は僕たちが提供する『チラＣＥＯ』をはじめ、決裁者と直接繋がれる方法は増えてきています。

しかし、決裁者と会えば必ず成果が出るわけではありません。実際には、決裁者マッチングを正しく理解し、効果的に活用することが成功の鍵となります。本書では、その「成功法則」を具体的に解説していきます。これを掴んだ上で決裁者と出会い続ければ、失敗する確率は劇的に下がります。

成功と失敗の分岐点

僕たちが10年以上にわたって提供してきた決裁者マッチングサービス『チラＣＥＯ』では、数多くの企業が成功を収めてきましたが、一方で成果を上げられなかった企業も存在します。成功と失敗を分ける要因は、ただ単に決裁者と会うだけではなく、どうやってその出会いを商談の成果に繋げるかにあります。決裁者マッチングで成果を上げるためには、決裁者と出会う前の振る舞いから、出会った時の関わり方など、いくつかのポイントをおさえる必要があります。

本書には、僕自身が10年前に知っておきたかった成功のためのポイントが凝縮されています。もし当時からこの内容を知っていれば、さらに効率よく多くの決裁者と出会い、その出会いを成果に結びつけていただろうと感じています。成功も失敗も含め、僕が経験から学んだ教訓を、これから決裁者マッチングに取り組む皆様に伝え、同じ過ちを繰り返さないようお手伝いできることが、僕の使命だと考えています。

本書で得られるもの

本書では、ＢtoＢ営業における「良質なアポイント」の定義からはじまり、決裁者マッチングの具体的な活用方法、陥りやすい罠とその対策について解説しています。さらに、実際の導入事例をもとに、どのようにして決裁者マッチングが成果に結びつくか、そのプロセスを詳しくお伝えします。この内容は決裁者マッチングに限らず、ＣＸＯコミュニティや経営者交流会を日々活用している方にとっても活かせる、さらにいえば、ＢtoＢ営業をおこなう全ての企業が実践できるものです。

本書を通じて、決裁者マッチングの正しい理解を深め、多くの決裁者との出会いが、皆様の営業活動における新たな突破口となることを願っています。決裁者マッチングは、ＢtoＢ営業の新たな未来を切り開く手法です。

本書が、皆様にとってその未来を築くためのパートナーとなり、常に身近に置いておきたいバイブルのような、相棒のような、一冊になることを期待しています。

株式会社オンリーストーリー　取締役ＣＯＯ　川角健太

目　次

はじめに　～決裁者マッチングが切り開くBtoB営業の新たな未来～ …… 2

第1章
BtoB営業の新常識～なぜ売れないのか～ …… 11

1.1　アポイントの質を左右する3要素～良質なアポイントとは～
1.2　従来のBtoB集客手法と特性　～プッシュ型とプル型～
1.3　売れない理由はここにある～集客手法がもつ「色」を理解する～

第2章
決裁者と繋がる新たなBtoB集客手法～『チラCEO』の誕生と軌跡～ …… 31

2.1　日本初のビジネスモデル～ボランティアから生まれたサービス～

2.2 インタビューから靴磨きまで～決裁者と出会い続けた舞台裏～
2.3 プラットフォーム移行の誤算～三方悪しのマッチングから学んだ教訓～

第3章 決裁者マッチングの心得～新たなBtoB集客手法を成功に導く絶対法則～ …… 57
3.1 決裁者マッチングの本質を理解する～「会えばすぐ売れる」は幻想である～
3.2 決裁者の購買心理を読み解く～ICTBの法則を理解する～
3.3 決裁者から興味をもたれる～ギブコンテンツを活用する～

第4章 決裁者マッチングを実践する～『チラCEO』という選択肢～ …… 83

目　次

4.1　3つの導線でリスクヘッジ～確実に決裁者と出会える状況をつくる～
4.2　想像以上に長い決裁者への道のり
～『チラCEO』でコストと時間の大幅ショートカットを実現～
4.3　決裁者マッチングの弱みを逆手に～最上級のアポイントを創りだす方法～

第5章
我々はこうして不安を成果に変えた～導入事例に学ぶ決裁者マッチング活用術～…109

5.1　ターゲット条件が明確になっていなくて不安
5.2　事業内容が固まっていなくて不安
5.3　サービスの差別化がなくて不安
5.4　新しい概念のサービスが受け入れられるか不安
5.5　ターゲット企業の登録が少なくて不安
5.6　自ら商談に出ることへの不安

5.7　あなたの不安はやがて誰かの希望に変わる

第6章
決裁者マッチングの先に広がる世界〜社会に対して僕たちが果たす役割〜 ……… 143

6.1　Keyperson Based Matching 〜僕たちが目指すおつなぎ〜
6.2　ＯＮＬＹ ＳＴＯＲＹをＯＵＲ ＳＴＯＲＹに〜あなたを必要とする人が必ずいる〜
6.3　決裁者の相棒として居続ける〜日本一のＮｏ２になる〜

おわりに　〜御縁があれば何でもできる！〜 159

第1章

BtoB営業の新常識

～なぜ売れないのか～

ＢtoＢ営業の難しさは、決裁者になかなかたどり着けないことです。さらに言えば、決裁者に自社のことを正しく知ってもらえないことです。

「テレアポしても、切られてしまう」

「担当者にサービスの良さを理解してもらえない」

「社内にもち帰ります、と言われたが音信不通になってしまう」

本書を手にしてくださった皆様も、そのような経験があるのではないでしょうか。

企業は意思決定までに様々な人が関わっているので、窓口となる担当者と決裁者が異なることがほとんどです。苦労してアポイントを獲得しても、決裁権のない担当者と何度も商談を重ねて手応えがあっても、決裁者の「ＮＯ！」というひと言で終わってしまうことは多々あります。「検討した結果、今回は見送ることにしました。また機会があればお願いします」とだけ連絡が来て、導入に至らなかった理由もわからず、そこで関係が途絶えることがほとんどです。

だからこそ、決裁者に直接営業することが、受注への最短ルートであることは言うまでもありません。その悩みをもつ企業が圧倒的に多かったので、僕たちは10年間、営業にお困りのＢtoＢ企業に向けて、決裁者マッチングサービス『チラＣＥＯ』を通して決裁者アポイントを提供し続けてきました。

本書が『チラＣＥＯ』の宣伝をすることだけが目的であれば、決裁者マッチングの良さだけを伝えていくところですが、単に決裁者と会えば成果が出ると言えるほど、ＢtoＢ営業は簡単ではありません。真に価値あるアポイントを獲得し、それを成果に結びつけるためには、『チラＣＥＯ』の活用有無に限らず、どのＢtoＢ企業もおさえておくべき事項があるので、まずはそちらからお伝えしていきます。

1.1 アポイントの質を左右する3要素
～良質なアポイントとは～

「良質なアポイントが欲しい」という相談を頂くことは多いのですが、「あなたの会社にとって、質が高いアポイントとはどのようなものでしょうか？」という質問に明確に答えられる人はほとんどいません。人によって異なる目線があるからこそ、本書では「良質なアポイント＝3つの要素の掛け算が最大になるアポイント」と定義し、共通言語とさせてください。

良質なアポイントを定義づける3つの要素とは、次の通りです。

①「ターゲット企業性」アプローチ先は自社が会うべき企業であるか
②「決裁者性」アプローチ先は意思決定を左右するキーパーソンであるか
③「ニーズ性」アプローチ先は自社が解決できる具体的・顕在的課題を今もっているか

それぞれがなぜ重要なのか、詳しくお話しします。

①ターゲット企業性

ニーズが強い問い合わせがきたけれど、予算感が全く合わず失注した。決裁者から直接問い合わせが来たけれど、事業フェーズが合わず失注した。ニーズがある決裁者から問い合わせがきたけれど、自社の得意領域と合わず失注した。

そのような経験のある方は、自社のサービスや商品がどのような会社をターゲットとしているか、どのような会社に営業すれば貢献できるのかを明確にしておくことが大切です。せっかく決裁者とのアポイントが獲得できても、どんなにニーズが強いアポイントができても、的外れなターゲットであれば、受注はできません。まずは自社が扱うサービスの特性を客観的に見極めることからはじめる必要があります。

ターゲット企業性を見極める要素は、「従業員50名以上」「IT業界」といったデータベースで抽出しやすいものから、「新卒採用をしている」「事業拡大している」といったデータベースでは抽出しづらいものまで、様々な切り口があります。定量情報だけでなく、定性情報もターゲット像を考える上では大切だからです。

さらに、それが必須条件なのか理想条件なのか、仮説項目なのか確定項目なのかなども分析していくと、アプローチすべき相手の精度が高まっていきます。

②決裁者性

担当者の話では来期予算で検討できるかもと言われていたのに、決裁者と会ったらすぐに導入が決まった、担当者とは盛り上がったのに決裁者に上げたら一蹴された、というケースは多いです。言わずもがな、決裁者と出会えているかは最も重要です。

一方、誰が決裁者であるかどうかは見極めが必要です。単に「社長だから」「役職のある人だから」と肩書だけで判断できない場合もあります。一般的には社長、取締役、執行役員などが決裁権をもっていることが多いのですが、部長やマネージャーがその役割を担っていることも少なくありません。社長が信頼している部下や経理を担当している奥さんなど、表向きの決裁者と実質的な決裁者が異なることもあるからです。場合によっては、現場担当の方が意思決定に起因する商材もあります。

このように、意思決定に関与する人物を、僕たちはキーパーソンと定義しています。社内でどのような意思決定がおこなわれているか、などの内部事情を事前にリサーチできれば、キーパーソンが誰なのかを判断し、商談に活かすことができます。いずれにしても、キーパーソンに出会うことで、話がスムーズに進みます。

③ニーズ性

アポイントは取れたのに、冷やかしだった。温度感高く紹介してもらったのに、話してみると事前に聞いていた情報と全く違った。ニーズがない人には売れるイメージがない。そのような経験のある方は、ニーズ性を重視する傾向があります。

ただし、3つの要素の中で担保が一番難しいのはニーズ性です。ニーズ性は常に移り変わるものなので、今日は必要だと思っていても、明日は不要になるかもしれない。日程調整中にはたしかにあったものが、商談日にはなくなっている可能性もあるのです。特に、商談相手が決裁者の場合はニーズ性の担保が難しいという理由も明確にあります（詳しくは、第3章で述べています）。

これを「運」で片づけてしまってよいのか。アプローチ先がニーズを抱えているタイミングでいかに出会えるか。僕たちは10年間で1万人の決裁者と接し、10万件のマッチングを生

良質なアポイントの３要素

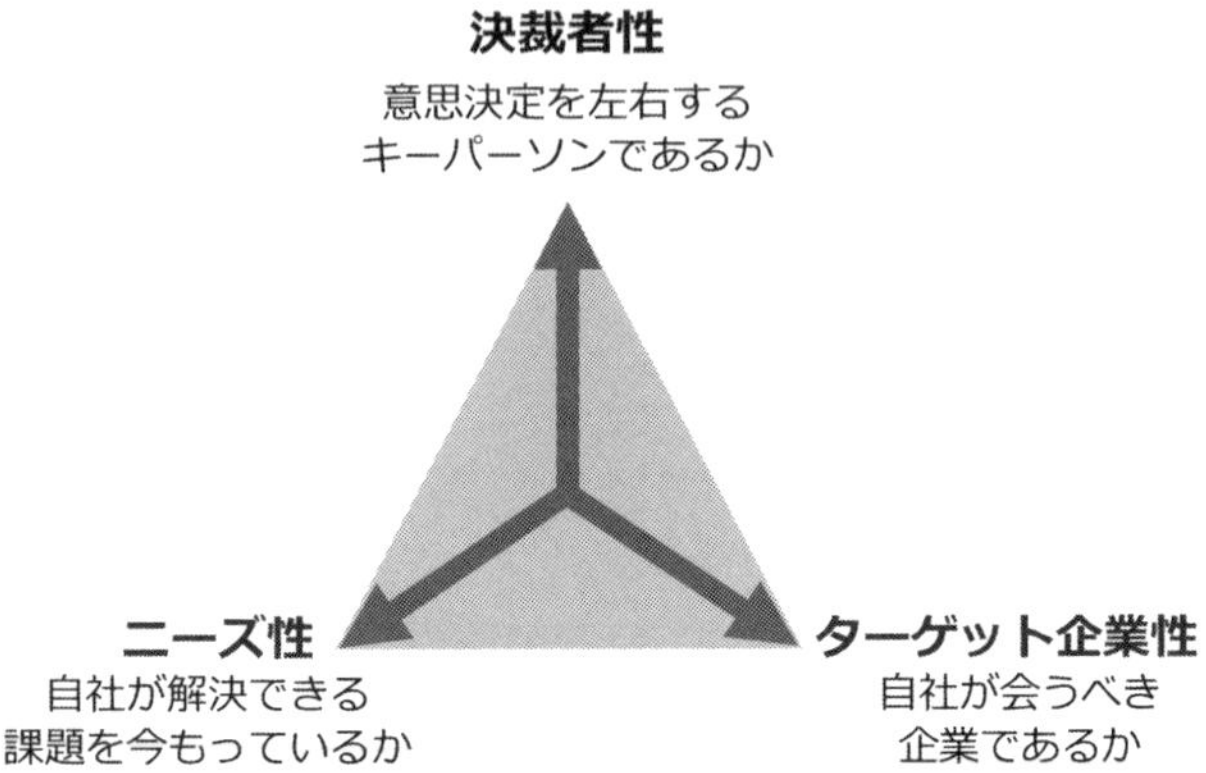
決裁者性
意思決定を左右する
キーパーソンであるか
ニーズ性
自社が解決できる
課題を今もっているか
ターゲット企業性
自社が会うべき
企業であるか

み出す中で、その解決策を見出してきました。

現在もそのような状況をひとつでも多くつくれるよう、日々努力を重ねています。この方法については、第4章で詳しくお話しします。

まとめると、「ターゲット企業」の「決裁者」から「ニーズ」があるアポイントが入ってきたら最高ですよね！というイメージです。この前提認識をもって、アポイントの質を評価していくと、認識のずれが減ります。

1.2 従来のBtoB集客手法と特性 〜プッシュ型とプル型〜

良質なアポイントのイメージが湧いたら、集客手法の選定です。BtoB営業において、新規の見込み客を獲得して商談に繋げるための手法はいろいろありますが、大きく「プッシュ型」と「プル型」に分かれます。「プッシュ型」とは自社の商品やサービスを認知していない顧客に対しておこなう営業、「プル型」とは顧客が商品やサービスを認知した上で問い合わせを受け付ける営業です。それぞれ、良質なアポイントを獲得するという観点から、特徴を紐解いていきます。

プッシュ型

これまで、そして現在もBtoB営業では、プッシュ型が主流となっています。

BtoBのプッシュ型営業における手順は次の通りです。

・ターゲットリストを作成する

・アポイントを獲得する
・商談をする
・受注する
・フォローアップする

具体的な手法は、
・テレアポ
・メール営業
・ＤＭ
・飛び込み営業
などがあり、最近ではＢＤＲと呼ばれる領域とも重なります。

プッシュ型営業の強みは、
・自社目線で会いたい企業にアプローチできる
・売りたい側が起点となり能動的に成果を生み出せる

・アクション数と成果数の方程式がつくりやすく再現性がある

が挙げられます。

プッシュ型営業の弱みは、

・リスト選定を誤った時点で効果が下がる
・ゼロから信頼を積み重ねていくので商談対応者のスキルが成果に大きく起因する
・営業がしつこい会社、というようにブランディングを損ねるリスクがある

などが挙げられます。

良質なアポイントの3要素に沿ってお伝えすると、

・ターゲット企業性：リスト作成時に選定できるため◎
・決裁者性：担当者アポからはじまることが多いため×
・ニーズ性：興味関心を起点に出会うわけではないため×

がプッシュ型施策の傾向です。

プル型

ＢtoＢ営業は従来、「プッシュ型」が主流でしたが、最近では顧客からのアクションを引き出す「プル型」を取り入れる企業が増えてきました。プッシュ型よりも営業コストを抑えられる可能性があり、Ｗｅｂサイトのデータ分析をおこなうことで、最適なタイミングでアプローチができるからです。

具体的な手法は、

・ウェブ広告
・オウンドメディア
・セミナー／ウェビナー

などがあり、最近ではＳＤＲと呼ばれる領域とも重なります。

プル型営業の強みは、

・事前に先方が興味関心をもった状態から商談がはじまる
・ブランディングを損ねる心配がない

・待っていたらアポイントが入る

が挙げられます。

プル型営業の弱みは、

・案件内容を選定できないので質のコントロールが難しい

・毎月の流入数が不明なので数のコントロールが難しい

・比較検討や相見積もりが前提となり価格勝負になりがち

などが挙げられます。

良質なアポイントの3要素に沿ってお伝えすると、

・ターゲット企業性：誰から問い合わせが来るか不明なので×

・決裁者性：担当者からの問い合わせが多いため×

・ニーズ性：興味関心を元にした反響型のため◎

がプル型施策の傾向です。

このように、プッシュ型とプル型にはそれぞれメリットとデメリットがあります。ニーズ性を重視するならプル型、ターゲット企業性を重視するならプッシュ型など、それぞれの手法には必ず良いところと悪いところ、向き不向きがあります。

どの手法をとっても、完璧！というものはありません。大切なことは、今自社にとってどの要素を重視すべきかをしっかり理解した上で、集客手法を絞ったり、掛け合わせたりしながら、営業戦略全体を見渡して良質なアポイントを安定的に獲得し続けることです。

1.3 売れない理由はここにある
～集客手法がもつ「色」を理解する～

「〇〇という集客手法を使ったけど失敗した」

といった相談を受けることがあります。

その際、どんなところに魅力を感じてそのサービスを取り入れたのか、詳しくヒアリングすることもあります。

「すぐに成果が出ると思った」

「もっとたくさんのアポイントがとれると思った」

それなりの費用を払って取り入れたわけですから、期待するのはあたりまえです。

ですが、先ほどもお話ししたように、どの集客手法にも必ず強みがあり、手法に合わせた商談対応をしていれば、ある程度の結果は出ると思っています。要は、手法そのものが悪いのではなく、そのサービスの特徴を十分に理解していない状態で、とりあえず活用してしまったのではないか、ということなのです。アポイント獲得までは集客手法側の責任範囲だとしても、受注獲得までは商談対応者側の責任範囲です。

例えば、

・リファラル経由で入ってくるアポイント
・テレアポ経由で入ってくるアポイント
・決裁者マッチングサービス経由で入ってくるアポイント

・広告経由で入ってくるアポイント

それぞれに特徴があり、適切な商談の進め方があります。リファラル経由のアポイントにテレアポ経由の商談を適用しても上手くいかないケースが多いですし、広告経由の商談の進め方を決裁者マッチングサービス経由の商談でおこなっても同じような結果は得られないでしょう。それぞれの入り口によって、商談相手の目線や前提状況が違うので、話の進め方を間違えると噛み合わないのです。

特に、僕たちが提供する決裁者マッチングサービス経由の商談の進め方は、世の中にある既に確立された集客導線経由とは全く違う商談のセオリーがあります。それを理解せずに誤った価値観で導入すると、正直なところ成果は出にくいと思います。

さらに、永遠に成果が出続ける、利益が上がり続けるようなアポイント獲得手法はなかなかありません。時間とともに世の中の情勢や会社の状況は変化しているので、そこに合わせて集客手法を変えていく必要もあります。

「今の施策はある程度成果が安定してきたけれど、今後のさらなる成長を見据えて新たな導線を構築したい」

「これまではプル型メインでやってきたけれど、リード数を増やすためにプッシュ型にも取り組みたい」

売れないから施策を変えたい、というだけでなく、売れている今だからこそ新たな種まきをするチャンスということもあります。

日々、多くの経営者からアポイント獲得や案件化率についてご相談いただきますが、その都度、僕がその会社の営業管掌役

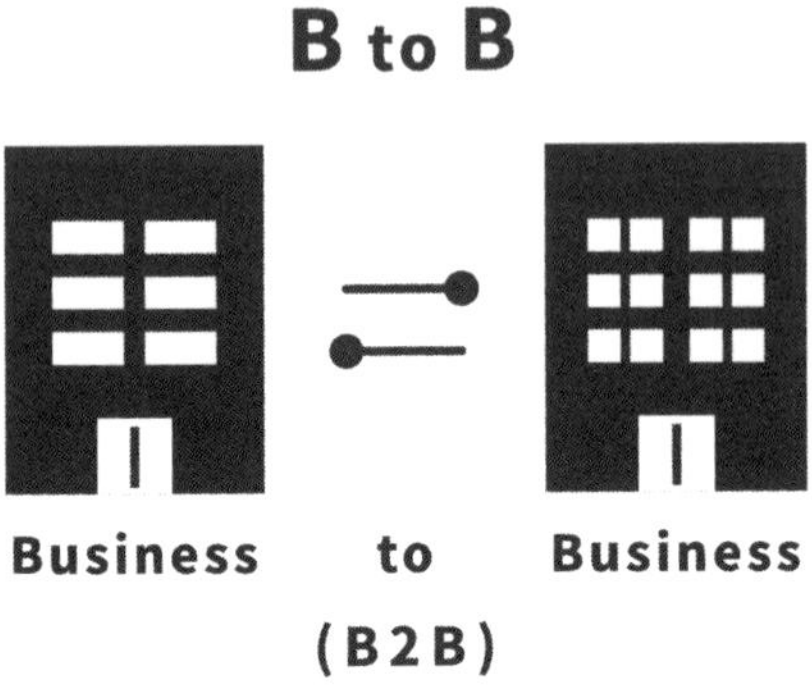

員だったらどうするだろうと考えます。僕自身の失敗体験、成功体験に加えて、9年かけて出会った7、000人の決裁者から学んだ知見や経験を含めると、売る側、売られる側、両方の気持ちを客観的に捉えながら、アポイントが獲得できない理由や売れない理由が見えてくるからです。

その上で、弊社サービスを通して貢献できるかどうかを考えますが、会社によっては相性が悪い場合もあります。相性が悪い場合は、こちらから「今はやめた方がいいです」とお断りすることもあります。

ただ、過去にご相談いただいた方々から「以前は別の手法を導入したけど失敗したから、改めて商談獲得の相談をしたい」とご連絡をいただくと、あの時の課題が今でも解決されていない状況であることに、申し訳ない気持ちでいっぱいになります。

弊社のサービスが合わなかった場合はサービスの力不足ですが、弊社のサービスと相性が良いと感じたけれど、発注いただけなかった場合は、僕の力不足です。あの時、強く背中を押して弊社とご契約いただいていれば、あの時もっと良い提案ができていれば、無駄な費用や時間を使わなくても済んだのではないか……と強く感じるのです。

もちろん、それも今だからこそ感じることで、あの時から僕もたくさんの方々と出会って確信を得ていることもあるのでしょう。だからこそ、初めて決裁者マッチングに取り組む方にも、一度やって失敗した方にも、再度後述のセオリーをぜひ知っていただきたいと思います。必ず、皆様にとって新たな選択肢になるはずです。

どのサービスを利用するか、最終的に決断するのは皆様ですが、先ほどもお話ししたように、各集客手法の特徴を十分に把握して、施策に合った商談対応ができれば、「売れない」という課題の解決に繋がるということだけはお伝えしておきたいと思います。

第2章

決裁者と繋がる新たなBtoB集客手法

〜『チラCEO』の誕生と軌跡〜

ここまでのお話をもとに一つ言えることは、従来のＢ to Ｂ営業の集客手法において、決裁者性に強みをもつ施策はなかったということです。多くのＢ to Ｂ企業がこの点に悩んでいたので、決裁者と直接繋がることができるサービスの必要性を感じ、『チラＣＥＯ』が生まれたという背景があります。

株式会社オンリーストーリーが提供する決裁者マッチングサービス『チラＣＥＯ』は、２０１４年9月3日にリリースされ、今年で10年が経過しました。２０２４年9月現在、『チラＣＥＯ』の利用者は、僕たちとつながりがある７、２００名の決裁者の中から、会いたい方と、アポイントを獲得することが出来ます。お客様によって差はあるものの、毎月平均５～10件の決裁者アポイントを獲得でき、多い人で最大月30件ほど、驚異的な実績としては３年で１、０００件もの決裁者アポイントを獲得したお客様もいます。

このように、累計10万件以上のつながりを提供してきた『チラＣＥＯ』ですが、初めてお会いした方からはよく、「どのようにして７、０００人を超える決裁者を集めたのか？」「本当に決裁者と会えるのか？」「『チラＣＥＯ』の〝チラ〟とはどういう意味なのか？」と聞かれます。

それらにお答えするには、『チラCEO』の歴史をお話しすることが近道です。『チラCEO』が今の形になるまでの長い道筋を振り返りながら、決裁者マッチングという新たなBtoB集客手法の可能性について、お話ししていきます。

2.1 日本初のビジネスモデル ～ボランティアから生まれたサービス～

今でさえ決裁者マッチングのパイオニアと言われるようになった株式会社オンリーストーリーですが、実は決裁者マッチングサービスありきで始まった会社ではありません。

「中小企業を応援したい」という、創業者平野哲也（現・代表取締役社長）の想いから、中小企業の経営者一人ひとりの想いやビジョン、そして、独自性や強みを丁寧に取材し、魅力的なストーリーとして世の中に発信する経営者インタビューサイト『ONLY STOR

Y』の運営から始まった会社です。

父親や親戚が中小企業の経営者という環境で生まれ育った平野は、中小企業の魅力や存在をよく知っていたので、自分たちの生活を支える企業のことを世の中に知ってもらえる入り口を創ろうというコンセプトでこのサービスを立ち上げました。

一方、中小企業は自社のPRにお金をかけづらいこともよくわかっていたので、当初はすべてのサービスを無料で提供していました。無料でインタビューをおこなって、記事を作成してサイトに掲載するという試みは、多くの企業の共感を呼び、『ONLY STORY』を通して、自社の想いを発信したいという中小企業の経営者が次々と集まってきたのです。

実際に掲載した経営者からは、

「記事のおかげで、社員のモチベーションが上がった！」

「メディアに取り上げられる機会が増えた！」

「優秀な人材を採用することができた！」

といった喜びの声が数多く寄せられ、この活動が、中小企業の認知拡大に貢献できていることを実感したものです。しかし、半年もすると会社の資金が底をつきそうになり、この活動を続けながら、なんとかマネタイズできる方法を見つけなければ、自分たちが立ち行かなくなる……といった危機に直面したのです。

そのような課題を抱えながら中小企業の経営者と直接会って話す中で、彼らが抱えている共通の悩みが見えてきました。

・法人向けのサービスをおこなっているのだけど、アポイントが取れず営業に困っている。
・商品やサービスには自信があるのだけど、それを適切なターゲット、特に他社の経営者に知ってもらう機会がない。
・テレアポやメールでのアプローチでは、たとえアポイントがとれても、なかなか決裁者との商談には繋がらない。

これらの課題を目の当たりにした時に、ふと気づいたんです。「そうか、僕たちは毎日のように中小企業の社長（＝決裁者）に会っているじゃないか。一方で、決裁者にたどり着けずに困っている人がいる。であれば、僕たちがもつこの環境とつながりを活用して、何か新しいサービスができないだろうか」と。

そこで、ひとつのアイデアが生まれました。それは、「無料インタビューをしながら、社長（＝決裁者）にチラシを手渡しする」という、非常に地道で泥臭いビジネスモデルでした。それが、チラシをCEOに渡すサービス「チラシ＋CEO＝チラCEO」となったわけです。

具体的には、A社（以下、スポンサー企業＝チラシの出し主。当時はこのように呼んでいました＝と表記）からチラシを預かり、B社（以下、インタビュー先と表記）に取材に行く。そして「無料でインタビューをしてPRさせていただく代わりに、スポンサー企業を宣伝する時間をください」とお願いし、チラシを配布しながらスポンサー企業の紹介をする。インタビュー先が興味をもった場合のみ、スポンサー企業におつなぎする。そのサービス料を、スポンサー企業からいただくという仕組みです。

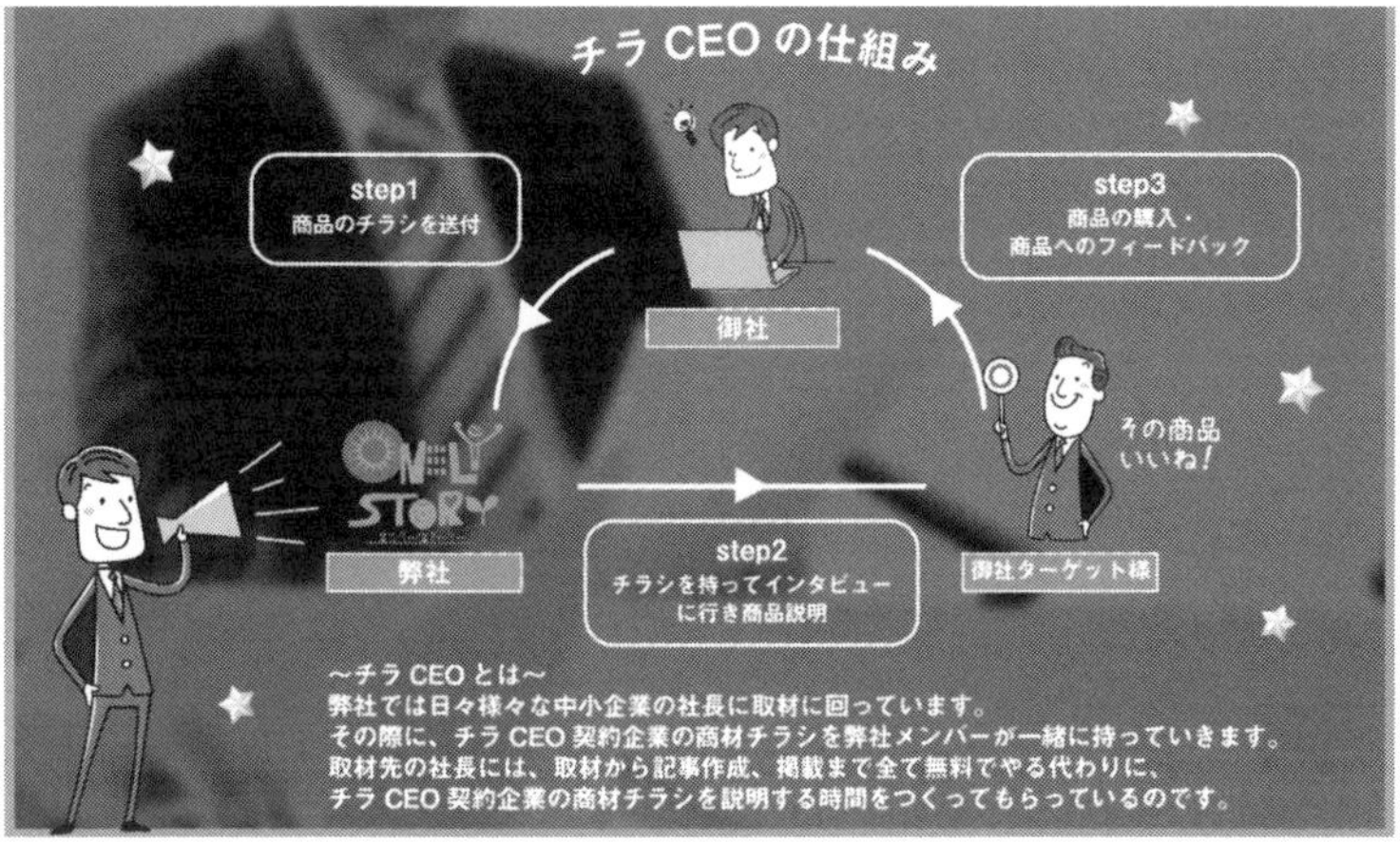

当初は試験的な取り組みでしたが、提案先企業からの反応は上々でした。『チラCEO』を通して収益化に成功したことで、無料インタビュー活動を継続しながら、新しい決裁者と会い続けることができるようになったのです。

また、インタビュー後に、次のインタビュー先を紹介してもらうことを都度お願いしながら、新規インタビュー先は順調に拡大していきました。少しでも信頼関係がくずれたら、このサービス自体が続かなかったと思います。

ちなみにこの時期、この仕組みに目をつ

けた他社が、無料インタビューを入り口にして営業をおこなう動きをはじめ、悪い印象をもつ経営者も出てきました。僕たちも「取材商法」とか「インタビューを切り口に上手いこと営業している」などと言われたこともありましたが、僕たちは前述のプロセスをたどっており、元々の想いや出発点が違うことに自信をもっていたので、堂々とこの仕組みを貫きました。

こうして、

・スポンサー企業は「決裁者に直接宣伝してもらえて、アポイントが獲得できる」
・インタビュー先は「無料で記事をつくってサイトでPRしてもらいながら、課題解決に繋がる紹介をしてもらえる」
・弊社（オンリーストーリー）は「収益化が可能になり活動を継続できる」

という、三方良しを目指す日本初のビジネスモデル『チラCEO』が誕生し、決裁者マッチングサービスの礎が生まれたのです。

決裁者に直接アプローチできる新たな手段として、多くのＢtoＢ企業に評価していただき、数々のビジネスコンテストでも表彰されました。後にこのビジネスモデルは、グッドデザイン賞をいただいたほどです。インタビュー先の経営者からも、無料でここまでしてもらえて嬉しいという喜びの声も増えてきました。

一方で、プロとして僕たちがお金をいただいているスポンサー企業に対する課題は山積みでした。決裁者とのマッチングを増やし、サービス料以上の価値を提供できるようになるまでには、かなりの時間を要しました。

2.2 インタビューから靴磨きまで ～決裁者と出会い続けた舞台裏～

サービスリリース当初は、「チラシ1枚配布＋説明」ごとにいくらという成果報酬型で料金をいただいていましたが、スポンサー企業にとっては、チラシを何枚配布されたかよりも、そこから何件アポイントや受注が生まれたかが重要です。そのために、僕たちが提供するアポイントの数と質をいかに高めていくかの挑戦がはじまりました。

弊社では、僕たちが生み出したアポイントのことを「おつなぎ」と表現しています。まごころを込める意味でもそのように呼んでおり、今でも社内では「おつなぎ」と言っています。サービス開始当時は無料インタビューが唯一のおつなぎ現場だったので、おつなぎ数を出すためには獲得インタビュー数を増やす必要がありました。

とはいえ、20取材をして20人の決裁者にチラシを配布・説明しても、必ず20件のおつなぎを生めるわけではありません。インタビュアーによっては、10件取材をしてもおつなぎが0件ということもありました。そこで、インタビュアーの育成やトークスクリプトの改善を通して、なんとか一度のインタビューで必ず数件のおつなぎが生まれる状況をつくりました。

次に、スポンサー企業数が増加すると、インタビュー現場だけではおつなぎ数がまかなえなくなりました。そこで、過去にインタビューした、一定の規模と購買ニーズがある企業への定期訪問を開始したり、資金体力があるスポンサー企業同士を繋いだりして、おつなぎが生まれる方法を増やしていったのです。

しまいには、経営者限定の靴磨きサービス『つなぐつ』というアイデアに行きつきました。インタビューは露出を嫌がり断られるケースもありますが、靴を履かない経営者はいないということで、靴職人への報酬を弊社が負担する代わりに、靴を磨いている時間を使ってヒアリングをおこない、一足磨くごとに最低一社おつなぎさせていただくという、これまたユニークな発想です。

決裁者の貴重な時間をいただき、課題をヒアリングする機会をつくり出すことは、それほど大変だったのです。そして結果として、スポンサー企業に良質なおつなぎを提供し、双方の課題解決に貢献する。僕たちは常にそれだけを考え、様々な手段で新たな決裁者と出会い、おつなぎをつくり続けました。

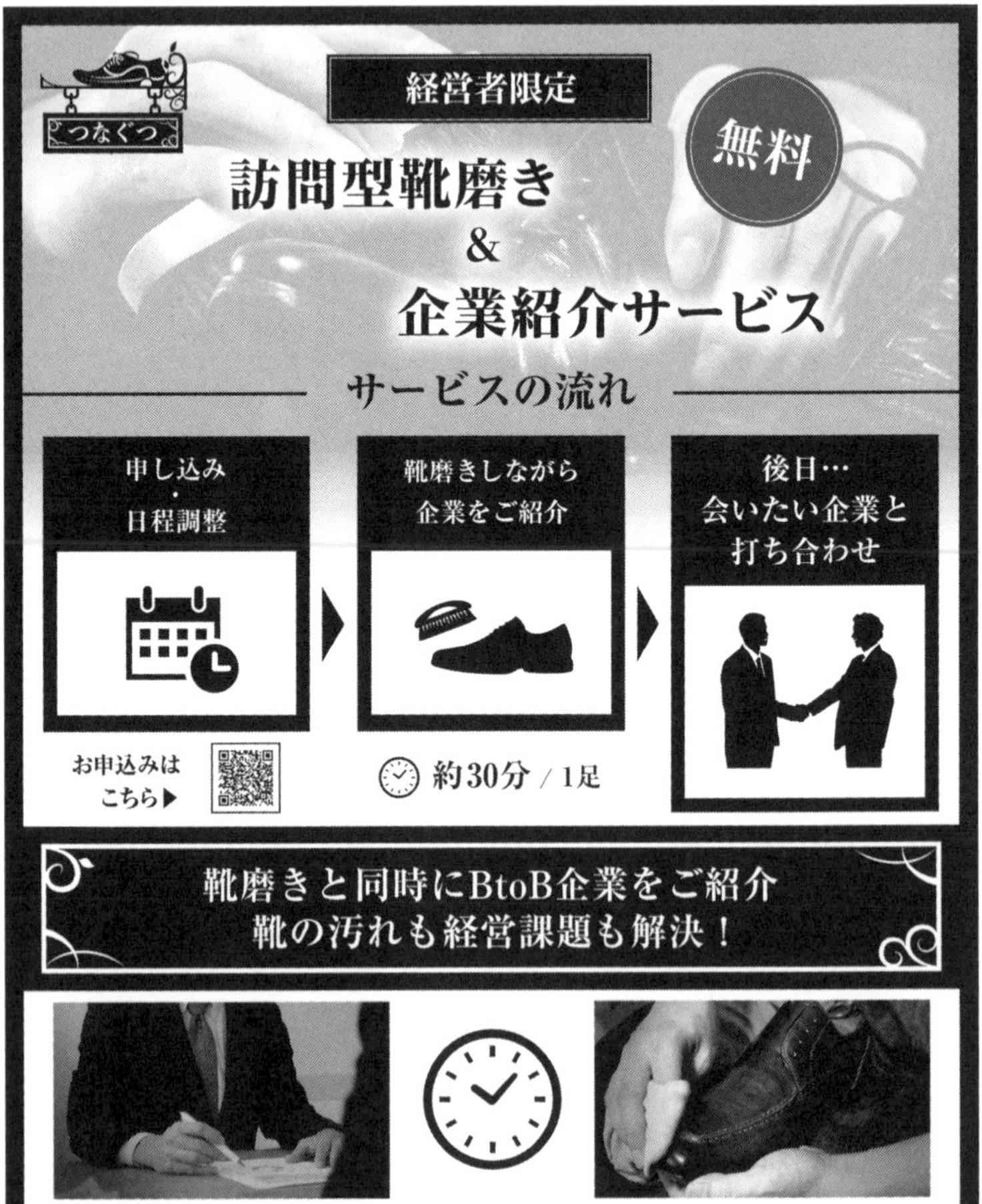
つなぐつ
経営者限定
無料
訪問型靴磨き
&
企業紹介サービス
サービスの流れ
申し込み
・
日程調整
靴磨きしながら
企業をご紹介
後日…
会いたい企業と
打ち合わせ
お申込みは
こちら▶
約30分 / 1足
靴磨きと同時にBtoB企業をご紹介
靴の汚れも経営課題も解決！

インタビュー先が2,000名を超えた頃、「せっかくこれだけ多くの決裁者とつながりがあるのだから、インタビューサイトに掲載されている人の中から、会いたい人と会わせてほしい」という声が、スポンサー企業からあがりはじめました。必死で走り続けてきましたが、振り返ってみると、決裁者との出会いがそこまで積み重なっていたのです。

その要望に応えるべく、これまで出会ったインタビュー先の中から、スポンサー企業が会いたい方を選んでダイレクトに繋がれるよう、インタビューサイトからマッチングプラットフォームへの転換を図りました。

ちょうどその頃、新型コロナウイルス感染症が広がりはじめました。対面での営業活動が難しくなり、商談のオンライン化を進めざるを得なくなった流れで、『チラCEO』はオンラインをメインとしたマッチングサービスに変化を遂げるべく、ここではじめての資金調達を進めました。

投資家の方々にそれまでの泥臭い活動を評価していただき、2020年5月には初の資金

調達に成功。創業7期目のことでした。調達資金は3つの用途

①サービス提供体制強化に伴う「採用」
②プラットフォームの更なる「開発」
③登録決裁者を増やすための「マーケティング」

に活かしつつ、サービスのアップデートをおこないました。評価をいただけた喜びと同時に、事業を伸ばしていくという重大な責任を負うことになったのです。集まった資金を活かして、より一層『チラCEO』の成長を急加速させる日々がはじまりました。

それまではインタビューや靴磨きといった地道なやり方で、コツコツとおつなぎ数を積み上げてきましたが、それでは求められる成長スピードに追いつきません。毎月の新規採用はもちろん、オフライン交流会をオンラインマッチングイベントに変更したり、一都三県に限られていた訪問型定例MTGを、オンラインで全国に広げたりしながら、プロダクト開発を通してユーザー同士が繋がる機能を強化しました。

この時点から徐々にインタビュー活動はなくなり、元々インタビュー先に当たる決裁者は「無料会員」として提案を受ける側に、スポンサー企業は「有料会員」として提案をする側になり、双方がプラットフォーム上で直接出会えるように変わっていったのです。（以後、提案をする側のスポンサー企業→「有料会員」、提案を受ける側のインタビュー先→「無料会員」と表記を変更します）。

2.3 プラットフォーム移行の誤算 ～三方悪しのマッチングから学んだ教訓～

プラットフォームへの移行に伴って、まずは「無料会員」を増やすことに注力しました。とにかく知名度をあげて登録者数、つまり、出会える先を増やすことが、「有料会員」へのおつなぎを生み、理想的な状態になると信じていたのです。ありとあらゆるマーケティング手法を駆使して、多い時には月間200名以上登録者を増やし、結果として登録者は7、200名（2024年9月時点）を超えるまでになりました。

登録決裁者数の推移

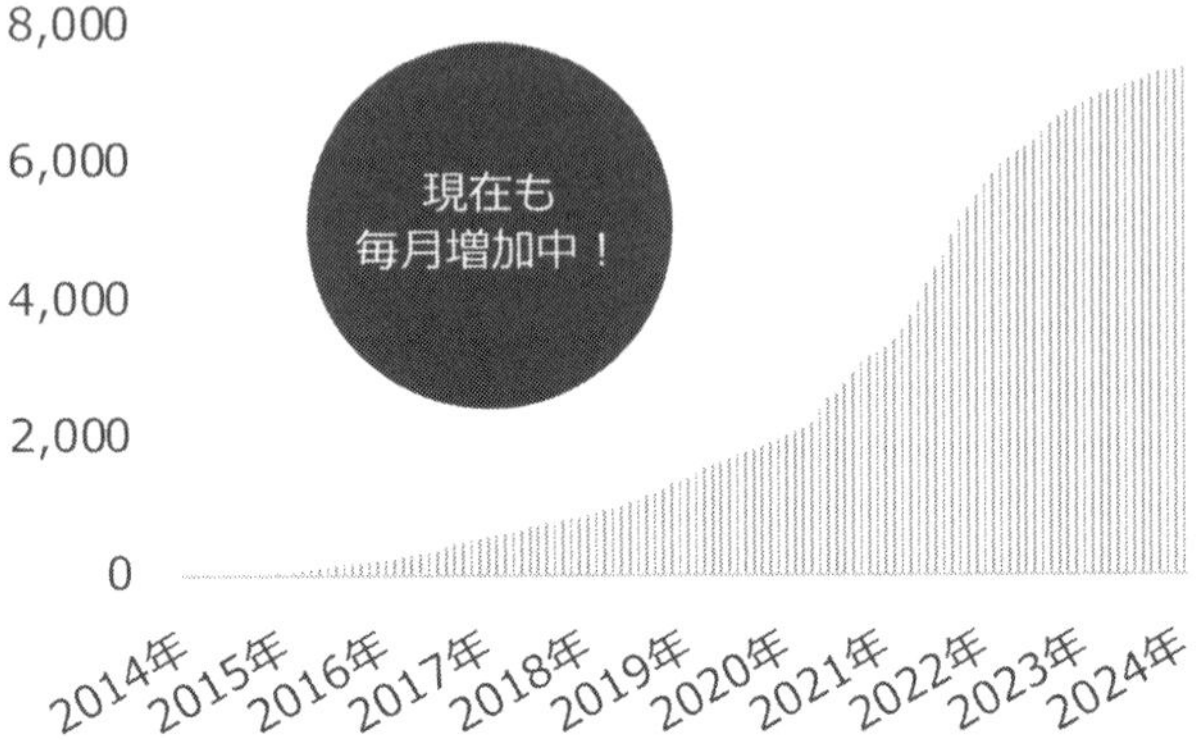

一方、「無料会員」が一気に拡大していく中で、登録者の質を保ち、良いおつなぎを提供するため、登録申請があった決裁者との面談は必ず実施し、一人ひとり審査をおこなうことにこだわり続けました。決裁者同士が出会えるプラットフォームを打ち出していたのですが、決裁者を装って登録を試みる申請も後を絶たなかったためです。

特に、この頃「有料会員」からは、資金体力があり、一定規模のある企業の決裁者と繋がりたいという要望を多くいただいていました。そこで、「無料会員」の条件として、従業員数10名以上という審査項目を加え、良質なアポイントの提供を目指しました。

このように、「一定規模がある企業の役員以上の決裁者」に絞った上で、つながりを増やし続けることができれば、「有料会員」へ良質なアポイントを提供でき、双方に貢献できるおつなぎが生まれると信じていたのです。

しかし、そう一筋縄にはいきませんでした。「無料会員」数が急拡大しても、プラットフォーム上で「有料会員」がアポイントを取れない事態に陥ったのです。

もう少し詳しく言えば、一方ではアポイントが50％も取れていて、もう一方では1％しか取れていない、まさに二極化の状況になっていたのです。原因を突き止めるために、成果が出ていない「有料会員」の運用方法を見ていくと、ある共通項が見えてきました。

アポイントに繋がらない企業の共通項①：担当者が窓口である

元々の『チラCEO』は、僕たちが間に入って、商品のニーズをもとにおつなぎをしてい

たので、担当者による商材営業でも問題はなかったのです。しかし、決裁者マッチングプラットフォームで、「決裁者」という条件を満たしていない営業担当者から連絡がくると、「営業される」絵しかイメージできず、よほどニーズが合わない限り、わざわざ時間を割いてアポイントを受けてくれる人は、ほとんどいませんでした。

一方で、反応率が高い「有料会員」は、決裁者が直接商談対応をしていました。受け手側の目線に立つと、営業担当者からの商材の売り込みではなく、同じ目線で安心して話せる決裁者との出会いを求めていたのです。

「有料会員」の目線だと、元々ニーズ性を基に僕たちから紹介するプル型として成り立っていたものが、プラットフォーム移行に伴い、ターゲット性を元に「有料会員」からアプローチをするプッシュ型に変化したため、受け手側の心境に変化が起きたのです。そのギャップが、アポイントを取得できない状況を生み出していたというわけです。

ここでわかったことは、決裁者に対してプッシュ型でアプローチする場合の利用マナーとして、同じ立場の決裁者からアプローチする必要性を学びました。決裁者側は、「営業」ではなく「情報」が、「商談相手」ではなく「相談相手」が欲しいという傾向があったのです。

アポイントに繋がらない企業の共通項②：一方的な営業目線である

「有料会員」の利用目的は営業であることは問題ないものの、メッセージ内容が一方的な商材売込になっていると、受け手側は「営業される」絵しかイメージできず、よほどニーズがない限りはアポイントを受ける人がほとんどいませんでした。

一方で、反応率が高い「有料会員」は、「一方的な提案だけではなく、こちら側にも良い提案があればお聞かせください」「協業を見据えて双方パートナーシップを組みませんか」といった、お互いがフラットな状態からはじまる連絡をしていました。「自分が相手側だったら、ただ売り込まれるだけだと嫌だよね」という考えで活用してくださっている方は、共通してアポイントが獲得できていたのです。

ここでわかったことは、決裁者は限られた時間の中で会うか会わないかを判断する際に、一方的なベクトルではなく、双方向的なベクトルで話が出来る人を求めているということでした。それを実現するためにも、提案側が同じ目線で話ができる決裁者である必要があったのです。

アポイントに繋がらない企業の共通項③：一斉送信をしている

せっかく個別に決裁者へ連絡ができるのに、問い合わせフォームやメルマガのテンプレート文章を送るだけだと、受け手側が「誰にでも送っている営業メールだな」と捉えてしまい、アポイントを受けてくれる人がほとんどいませんでした。

一方で、反応率が高い「有料会員」は、「貴社のここに興味をもちました」「○○様と同じ出身地で」などと、しっかり自分に対して送ってくれていると感じ取れる連絡をしていました。

ここでわかったことは、ラブレターと同じで、誰にでも同じことを書いているような内容に、心惹かれることはないということでした。よく、ビジネスマッチングと恋愛マッチングはたとえ話で使われますが、恋愛ではモテる行動をしている方も、ビジネスではモテない行動をしているケースが多かったのです。

このように、言葉にすると当たり前なのですが、受け手の決裁者側の気持ちを汲んだ上で、「有料会員」がプラットフォームを適切に活用しなければ、決裁者に会うチャンスは生まれません。もちろん、アポイントに繋がらないと、その後の成果は生まれません。

決裁者側の気持ちを汲まない連絡がくると、「無料会員」は「『ＯＮＬＹ ＳＴＯＲＹ』は営業ばかり来るんだな」と感じます。一人であればまだしも、そのような連絡がたくさん来

ると、どんどん温度感が下がり、連絡をスルーしていきます。すると、他の「有料会員」もアポイントがとりづらくなり、さらにいえば将来入ってくる「有料会員」はもっとアポイントがとれなくなります。

そういう状況になると「無料会員」は温度感が下がり非アクティブ化し、僕たちは大切に積み上げてきた双方のつながりを失うという三方悪しの構図となり、誰も幸せになれません。

ここから導き出されたことは、会いたい決裁者へプッシュ型でアプローチするには、基本マナーが必要であるということでした。だからこそ、「有料会員」側はこのマナーをご理解いただいた上で導入していただく必要があり、「有料会員」側の事前審査を徹底しました。

具体的には『チラCEO』の利用マナーとして、

・アプローチする側も決裁者対応
・一方向型ではなく双方向型
・相手に合わせた個別メッセージ

という3つの項目を伝えてきました。つまり、一方的な営業目線で、現場担当者が、効率的なアポイント獲得を求める施策としては、『チラCEO』は合いません。

しかし、正直に言えば僕たちにも葛藤がありました。自社の売上成長だけを考えれば、審査をせずに、どんなにマナー違反の人でも受注を増やす方が、短期的に見ると数字は伸びるからです。僕自身はCOOとして売上目標という数字に責任をもっていたので、理想と現実のバランスをどうとるか、常に頭を悩ませていました。ですが、結論としては、審査の徹底を選択しました。

それでも、審査項目の言語化が不十分な時期は、「ギバーなスタンスでご活用ください」などとお伝えしていて、定義が抽象的であったこともあります。だからこそ、受け手の決裁者側の目線を無視して利用する「有料会員」が増え、「無料会員」の温度感が下がってしまった時期があったのは、僕たちとしても悔しさが残るところです。

同時に、「無料会員」側の利用マナーにも頭を悩ませていました。前提として、受け手側として活用いただく想定だった「無料会員」が、「有料会員」へ一方的に売り込んでいるというクレームが続いた時期があったのです。それから、「無料会員」の登録条件に、営業目的での利用は禁止という条項を改めて明記し、周知しました。これも僕たち側として、もう少し登録時に上手く浸透ができていたら、と思うところです。

どちらも、数を増やそうとすれば、今以上に増やせたかもしれません。ですが、それだけでは三方悪しのマッチングになる恐れがあります。僕たちにとっては、「無料会員」も「有料会員」も、どちらも一人ひとり丁寧に積み上げたつながりであり、その関係が途絶えてしまうのは、非常に悲しいことでした。

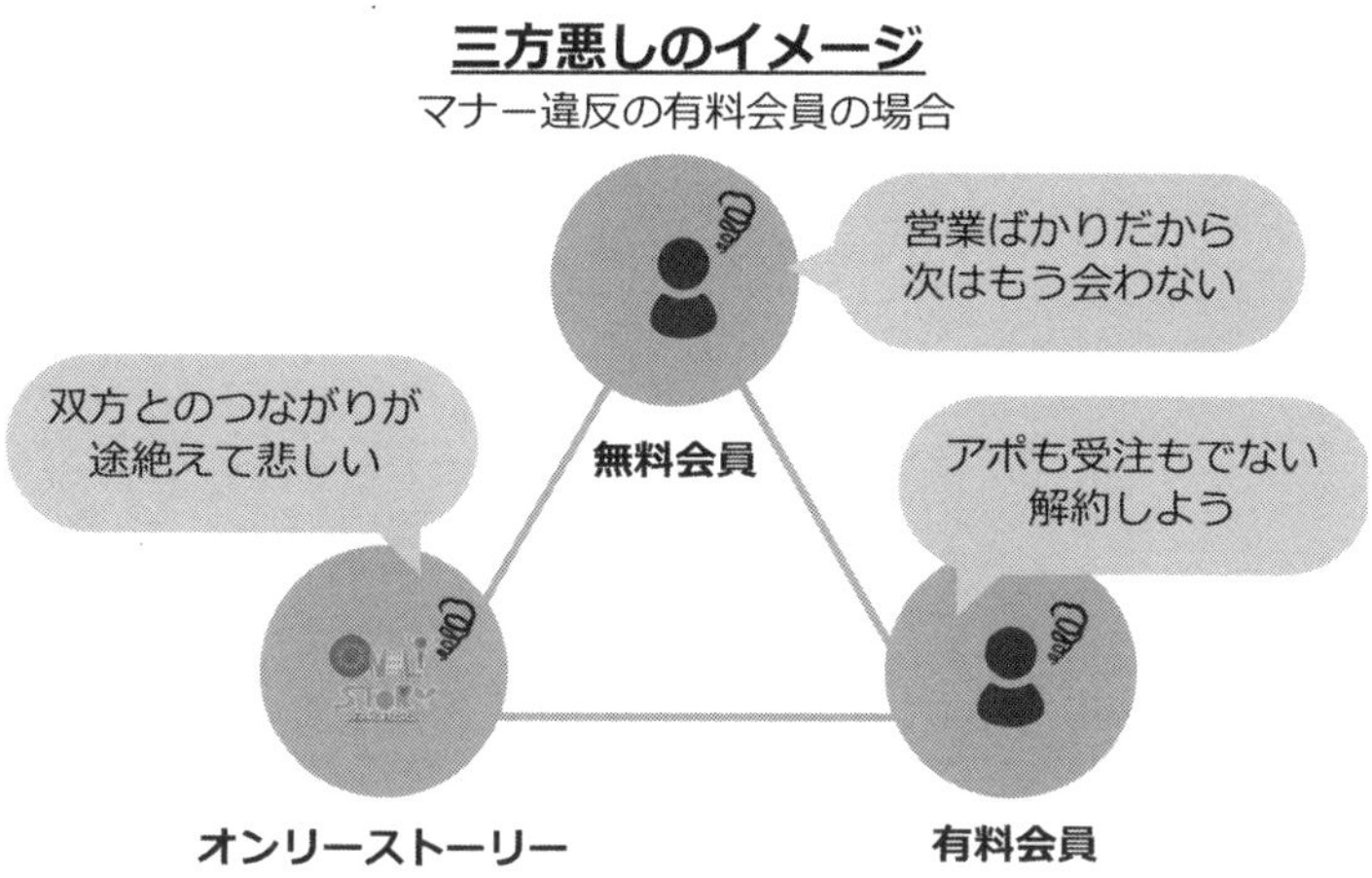
三方悪しのイメージ
マナー違反の有料会員の場合
営業ばかりだから
次はもう会わない
双方とのつながりが
途絶えて悲しい
無料会員
アポも受注もでない
解約しよう
オンリーストーリー
有料会員

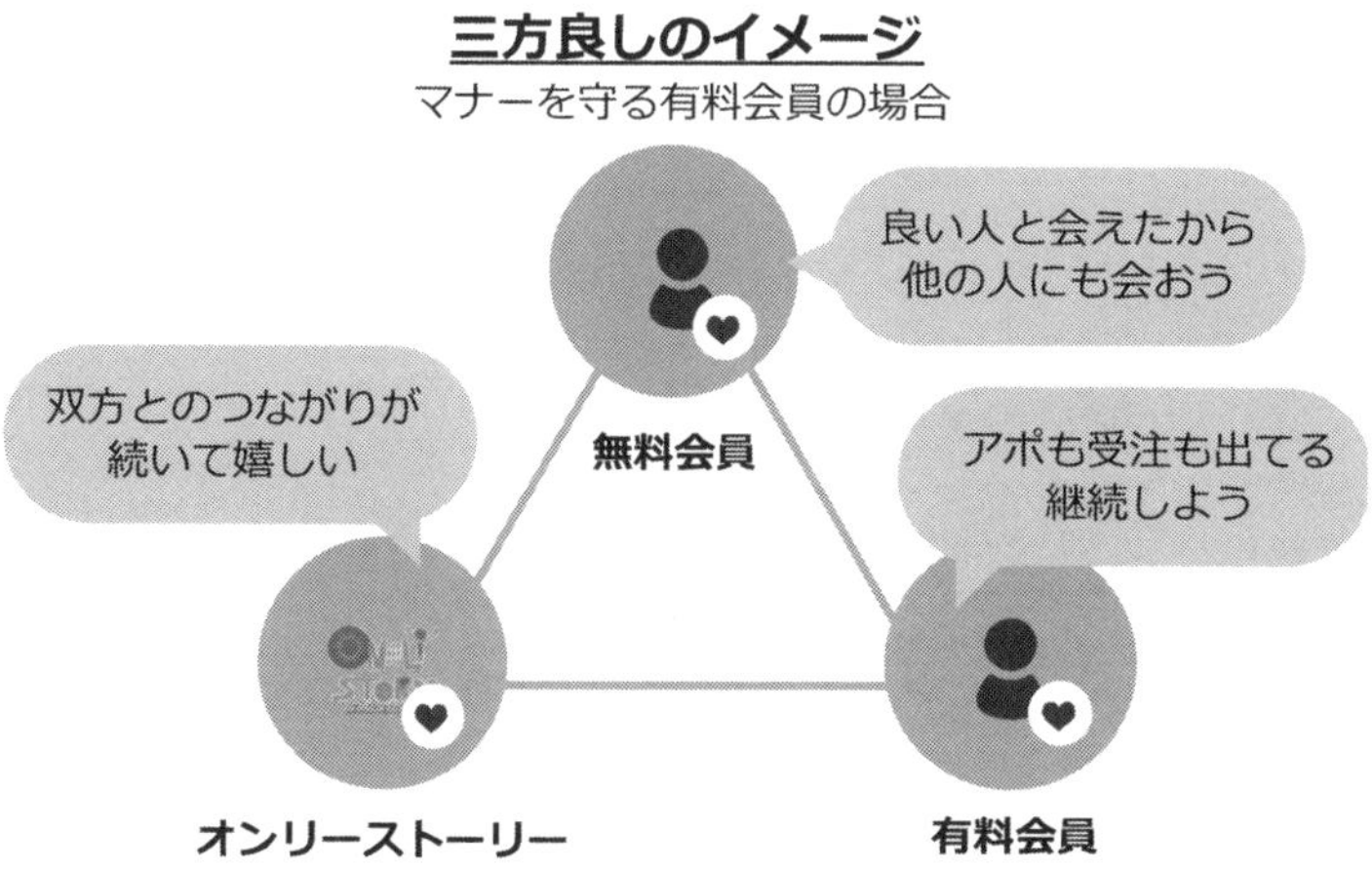
三方良しのイメージ
マナーを守る有料会員の場合
良い人と会えたから
他の人にも会おう
双方とのつながりが
続いて嬉しい
無料会員
アポも受注も出てる
継続しよう
オンリーストーリー
有料会員

そのため、僕たちは元々の想いを貫き、三方良しのマッチングを生み出すために、両方を大切にする気持ちを諦めず、このバランスをいかにとるかということに向き合い続けました。その結果として、ようやくこれからお話しする「決裁者マッチングの心得」の言語化が深まり、最終的には「Keyperson Based Matching」という考えにたどり着いたのです。今思えばここに至るまでに必要なプロセスであったのだと思います。

だからこそ、改めて決裁者マッチングについての理解を深めていただきたいのです。決裁者マッチングを正しく理解した人が『チラCEO』を活用し、僕たちと関わりがある人同士の出会いが双方にとって良い御縁になり、三方良しのつながりが広がるきっかけになることを願い、筆を進めます。

第3章

決裁者マッチングの心得

～新たなＢ toＢ集客手法を成功に導く絶対法則～

最近は決裁者マッチングや決裁者コミュニティが一般的になりつつありますが、まだまだ多くの誤解があると感じています。ＢtoＢ営業の世界では「決裁者に会えば売れる」という考え方が根強く存在していますが、この考えは本当に正しいのでしょうか？

決裁者側の目線に立つと、毎日のように売り込みを受けており、営業に対してお腹がいっぱいであるケースがほとんどです。

決裁者は、常に会社の未来を考え、自社の課題と向き合っています。そういう意味では、日頃から自社にとって有益となる情報を探しているはずです。本来の営業は顧客に必要な情報を届けるもののはずなのに、大半の決裁者が営業を受けるのが嫌だというのは、決裁者側の心理を理解せず、ただ売ろうとする営業が世の中に多いからでしょう。

僕は、決裁者マッチングにおける真の成功は長期的な信頼関係の構築にあると思っています。なぜそう言えるのか？　そして、決裁者との出会いを本当の意味で活かすにはどのようなアプローチが必要なのか？

この章では、僕の経験に基づいた新たな視点をご紹介します。この視点をもたずに決裁者といくら会っても、成果は上がりません。新たに取り組む方も、過去に失敗した方も、この章の内容はおさえていただきたい大事なポイントです。

3.1 決裁者マッチングの本質を理解する ～「会えばすぐ売れる」は幻想である～

決裁者マッチングにおける一番の誤解は「決裁者に会えばすぐ売れる」という考え方です。

この考え方には、大きな失敗を招く危険性があります。確かに、決裁者との直接的なコンタクトは重要ですが、それだけで受注に結びつくわけではありません。むしろ、そのような短絡的な発想が、長期的な成功を妨げる可能性さえあるのです。

僕たちは『チラCEO』を10年間運営してきた経験から、決裁者マッチングで成功するユーザーとそうでないユーザーの違いが見えるようになりました。興味深いことに、成功するユーザーは必ずしも即座に売上を上げる人たちではありません。むしろ、長期的な視点をもち、信頼関係を築くことに注力している人たちなのです。さらに、不思議なことに、長期的な目線で運用している人ほど、なぜか短期的にも成果が出ています。この違いは、何なのでしょうか。

例えば、SEOの専門家がいるとしましょう。彼は初回のミーティングでいきなり商材説明をして即座に契約を取り付けるようなことはせず、相手の課題を丁寧に聞き、適切なアドバイスを提供します。その結果、「SEOで困ったら、まずこの人に相談しよう」という認識を相手の中に植えつけることに成功しているのです。

このアプローチの素晴らしい点は、即座の受注には繋がらなくても、長期的には大きな成果をもたらすことです。数ヶ月後、あるいは1年後に、その決裁者が本当にSEOの支援が必要になった時、真っ先に思い出されるのは彼なのです。すると、相見積もりや比較検討といった過程を経ずに、ターゲット企業の決裁者からニーズがある、まさに良質なアポイントが入ってきます。

さらに、その決裁者が他の経営者に「ＳＥＯならこの人がいいよ」と紹介してくれる可能性も高くなります。この場合は、リファラルという、最も良質なアポイントが入ってくることになります。

時々、初めてお会いした方から「質の高いリファラルをたくさんくれ」、と言われることがありますが、正直なところ難しいです。信頼関係がなければ、リファラルは生まれません。

一方で、成功しないユーザーの特徴も明確です。彼らは往々にして、目の前の相手にすぐに商品やサービスを売り込もうとします。この方法では、売れたか売れなかったかの結果がすべてとなり、その場で売れなかった場合、その出会いは「点」で終わってしまいます。

ビジネスの世界では、一回の商談で大型案件が成立することはまれです。特に、プッシュ型の施策で、高額な商品や無形のサービス、あるいは企業の重要な意思決定に関わるような案件では、信頼関係の構築が不可欠です。信頼関係は、一回の商談で築けるものではありません。

ここで強調したいのは、決裁者との出会いを「点」ではなく「線」で捉えることの重要性です。決裁者に会えば売れる、という目線はもちろん大切ですが、決裁者に会えば「今すぐ」売れるとは限らないのです。たとえ、その場で売れなくても、その出会いを大切にし、長期的な関係性を築いていく。そうすることで、その「線」はやがて「面」となり、さらには「立体」へと発展していく可能性があるのです。

例えば、年間１２０件のマッチングをこなすユーザーがいるとします。すべての出会いを「点」で終わらせてしまえば、１２０件以上の成果は生まれません。しかし、それぞれの出会いを大切にし、関係性を築いていけば、その１２０件から新たな紹介や相談が生まれ、１３０件、１５０件と可能性が広がっていくのです。

短期的に見れば、その場で売れた件数は「点」で終わるアプローチの方が多いかもしれませんが、長期的に見れば、関係性を大切にするアプローチの方が、最終的な受注件数は圧倒的に多くなります。これは、『チラＣＥＯ』で成果を上げた企業を見ていても、実際に起きている現象なのです。

また、従来のアポイント獲得サービスでは、売る側と買う側の関係が固定化されがちですが、決裁者マッチングサービスでは、お互いが売り手にも買い手にもなり得ます。せっかく決裁者同士が出会っているのですから、多様なコミュニケーションが生まれる可能性をなくさないでほしいのです。だからこそ、一方向型の営業ではなく、双方向型のコミュニケーションが必要です。目先で物が売れたか売れないか、ではなく、この出会いをどう活かすか、という視点で捉えると結果は変わってきます。

さらに、従来のアポイント獲得サービスは、案件単位でのつながりなので、その案件が終われば縁が切れるケースがほとんどですが、決裁者マッチングは案件が終わっても縁が途切れず、資産として確実に蓄積されていく可能性を秘めています。

重要なことは、どんな出会いであっても、持続可能な関係性の構築を前提にするという姿勢です。自社の直接のターゲットではない企業とのアポイントでも、丁寧に対応すれば、その出会いがいつか思わぬ形で実を結ぶかもしれません。

僕自身も決裁者とのつながりが、数年越しに巡り巡ってきた経験が多々あります。例えば、元々『チラCEO』をご利用いただいていた決裁者が転職し、数年後に転職先でも決裁者となってご相談をいただき、新しい会社でご契約をいただくケースもありました。役員層の方は、仮に他の会社に移っても引き続き重役を担うことが多いからです。

他には、問い合わせをいただだいた時点では『チラCEO』とは相性が良くないかもしれないと感じていたのに、実は話してみると他にも会社を複数経営していたり、別の事業を見ていたりして、問い合わせ時とは違った目的で直接お仕事を依頼されるケースもありました。決裁者は、自社の事業やニーズを部分的ではなく全体的に捉えているので、一部分を担う担当者からは出てこない取り組みに繋がる目線をもち合わせているからです。

これらのケースは、表面的な見方で自社と合わないと判断し、関係構築の努力を怠っていたら、このような結果には至らなかったでしょう。

さらにいえば、決裁者と出会う価値は、売買関係を超えたところにもあります。僕たち経由で生まれたマッチングを通して、出資を受けたり、新しいビジネスパートナーを見つけたり、さらにはＭ＆Ａに繋がったり、他の友人を紹介してもらえるケースも少なくありません。これらは、目の前の人を営業先として捉え、短期的な受注だけを追いかけていては、決して生まれない成果です。

つまり、決裁者マッチングは、「会ったら売れる」ではなく、「会ってから活かす」手法であり、短期ではなく中長期で成果を得られるものなのです。むしろ、短期で一気に成果を上げたい方は、決裁者マッチングには向かないので、現時点ではやめた方が良いと思います。

ビジネスの世界では、人間性や信用度が重要な判断材料となることが多いのです。だからこそ、一見遠まわりに見えても、コツコツと接点を増やし、それを持続させることが、実は会社や事業を成長させる近道なのかもしれません。そして、決裁者との出会いは、大きな発展を秘めていることをぜひ知っておいていただきたいです。

3.2 決裁者の購買心理を読み解く
～ICTBの法則を理解する～

決裁者マッチング経由における商談の進め方が、他の営業手法のセオリーと異なる理由は、決裁者と担当者の購買心理が全く違うからです。だからこそ、決裁者との出会いを活かすには、この点を必ずおさえておく必要があります。

大きな変化として挙げられるのは、ＢtoＢの購買において「個」がより重視されるようになってきたことです。以前は企業対企業の取引という色合いが強かったのですが、今は「どこから買うか」より「誰から買うか」が重視されるようになりました。特に買い手が決裁者の場合、この傾向が顕著に表れています。

従来の購買プロセスを思い出してみてください。明確なニーズがあり、それに合致するサービスを提供する会社をいくつか比較し、相見積もりを取った上で発注先を決定する。このような流れが一般的でした。しかし、現在は比較対象が増えすぎて、様々な選択肢を比較検討することが現実的ではなくなっています。

例えば、ホームページ制作を依頼できる企業は、世の中に何万社とあります。これらすべてを比較するのは不可能です。そのため、自然と「出会った企業や人の中から決めていく」という流れに変化してきているのです。

この変化を踏まえて、僕たちは新しい購買フローの概念として「ＩＣＴＢの法則」を提唱しています。ＩＣＴＢとは、イシュー、コンサルティング、トラスト、バイの頭文字を取った造語です。

イシュー（Ｉ）は買い手が抱える漠然とした課題です。「売上を上げたい」「人材の離職に悩んでいる」といった、具体的な解決策がまだ見えていない段階の問題意識です。この段階で売り手と買い手が出会い、対話が生まれます。

コンサルティング（Ｃ）の段階では、その課題に対して深掘りし、分析をおこないます。

例えば、売上をイシューに感じている経営者と話をする中で、「リード不足を懸念されていますが、実はリード対応する営業担当の不足が根本的な問題かもしれませんね」といった気づきを提供します。

このような相談プロセスを通じて、買い手から「確かにそうだ」という反応が得られれば、それがトラスト（T）の構築に繋がります。「この人は自分の課題を本質的に理解してくれている」という認識が生まれるのです。

そして最後に、「どうせ頼むなら、この人に頼もう」という思いが生まれ、購入（B）決定に至ります。これがＩＣＴＢ型の購買フローの全体像です。

このように、今は「どこから買うか」より「誰から買うか」が重視されるようになりました。特に決裁者は、相手の人柄を見ることで、その先にあるサービスの質を見極め、投資的な視点で購買を決断する傾向が強いのです。つまり、単にサービスの機能や価格だけでなく、それを提供する人や企業の姿勢、価値観までも含めて判断しているのです。

担当者と決裁者の購買フローの違い

ICTBの法則とは

決裁者ならではの購買フロー

これは、営業現場だけで言えることではありません。

・交流会にAさんから誘われたら行くけどBさんから誘われたら行かない

・同じ製品を扱っている会社で、Cさんの方が安いけど、多少値段が高くても信頼置けるDさんに依頼した

・Eさんのメルマガは読むけど、Fさんのメルマガは読まない

・現場から稟議があがってきたけど、Gさんが経営している会社は信頼が置けるからすぐに承認した

といった経験は皆様にもあるのではないでしょうか。これらは、その人への信頼に紐づき、行動が左右されています。

このような変化の背景には、情報過多の時代における「選択の難しさ」があります。膨大な情報や選択肢の中から最適なものを選び出すのは、時間的にも労力的にも大きな負担です。さらに、過去にサービスを導入して騙されたり、失敗したりした経験をされた方もいらっしゃるので、なおさら慎重になっている方が多いです。そのため、信頼できる人からの助言や提

案を重視し、そこから購買の意思決定をするという流れが自然と生まれてきているのです。

また、ビジネスの複雑化や専門化も、この傾向を後押ししています。自社の課題を的確に把握し、それに対する最適なソリューションを見出すには、高度な専門知識や経験が必要です。そのため、単に製品やサービスを購入するのではなく、その背後にある専門性や知見を買うという意識が強まっているのです。

このような変化を踏まえると、これからのBtoBセールスに求められるのは、単なる商品知識や営業スキルだけではありません。顧客の課題を深く理解し、その本質に迫るコンサルティング能力や、信頼関係を構築するコミュニケーション能力が重要になってきます。

決裁者の購買心理の変化は、セールスのありかた自体を大きく変えつつありますが、本来は決裁者マッチングに限らず、営業活動の本質であると僕は考えています。もしかすると決裁者マッチングにおける営業スタイルの浸透は、世の中の営業のありかたを、あるべき姿にアップデートするきっかけになるかもしれません。

3.3 決裁者から興味をもたれる 〜ギブコンテンツを活用する〜

決裁者マッチングの本質を理解し、決裁者の購買心理についても理解したので、あとは決裁者に出会えれば成果が出せそう！と思った方は、最後に一つおさえていただきたいことがあります。それは、出会いを創るまでのコツです。どんなにＩＣＴＢの法則に沿った対話ができて、中長期目線で関係を育める人でも、そもそも出会う場がなければスタートラインに立てないからです。つまり、最初のアプローチが一番の肝になります。

重要なポイントは、決裁者が頭を悩ませているのは具体的な手法（ニーズ）ではなく、漠然とした課題（イシュー）であるという点です。既にニーズが顕在化している場合は、担当者に依頼して情報を収集し、直接決裁者が対応しないケースが多いため、プル型の場合は担当者からの問い合わせが多いのです。

だからこそ、特にプッシュ型でアプローチする場合は、いきなりニーズに応える商材情報を差し込んでも、そもそもニーズが顕在化していないので、単なるモノ売り営業の一つとみなされて、会ってみようとすら思われないのです。

僕を例にとって考えてみましょう。僕は『チラＣＥＯ』を売りたいという目線では、いかにして「ホリゾンタル商材を扱う、ＢtoＢ企業で、集客課題を抱えている、役員以上の人」と出会い続けるかを、常にイシューとして抱えています。これは、おそらく僕たちが存在する限り、基本的になくなることはない課題です。そのため、それを実現できる可能性については、常に情報を知りたいとアンテナを張っています。その目的が達成できれば、手法にこだわりはありません。ですが、ここではたとえ話として、テレアポだけは過去の経験上相性が良くないと感じているとします。

その時に、知らない方から「テレアポのニーズありますか?」といきなり手法(ニーズ)の話を打診されても、僕が直接話を聞いてみようとは思いません。なぜなら、課題(イシュー)を解決するために、テレアポという選択肢が、自分の中にはないからです。

一方で、「BtoB企業で集客課題を抱えた決裁者とアポイント獲得をサポートできる可能性があるので、現在の状況をお伺いしながら、一度情報提供可能でしょうか?」と打診があれば、まず興味をもちます。僕の課題(イシュー)に直結しているからです。

さらにこのとき、「ちなみに、自社でもリード獲得が課題なので、『チラCEO』についてもお聞かせいただきたいです。弊社側も役員が直接対応します」と打診されれば、僕は会おうと思います。

僕が会おうと思う理由は、

・単なる商材営業ではなくイシューにヒットする情報提供をいただけそう
・もしかしたら『チラＣＥＯ』のお客様候補にもなり得そう
・最低限、役員同士のつながりが得られそう

という気持ちからです。

アポイントの打診をされた側の僕としては、先方のセールスを受ける前提ではあるものの、自社のビジネスにも繋がる可能性があります。もちろん逆営業目的の冷やかしでアポイントを受けるわけではなく、常に課題解決に頭を悩ませているので、新しい選択肢は常に知っておきたいのです。むしろ、良い提案を知ることができれば嬉しいわけです。

その結果お会いした商談で、テレアポを使って僕が求める「ホリゾンタル商材を扱う、ＢtoＢ企業で、集客課題を抱えている、役員以上の人」と出会える可能性を示唆してもらったとしたら、導入を検討し、発注する可能性は十分あります。会ってすぐ発注しなかったとしても、頭の中に相談先候補として残り続けるので、アポイント数を増やしたい時にその人へ連絡するはずです。なぜなら、ニーズが顕在化したタイミングで数あるテレアポ会社をゼ

ロから探して商材営業を受けるのは大変ですし、信頼できる専門家がいれば、その人にお願いしたいからです。

一方、アポイントの打診をする側からみると、ニーズに対する一方的な商材提案ではありませんが、アプローチしたい企業の決裁者と直接出会え、イシューに投げかける提案をして情報提供ができ、実際にどういう所感を得たかというフィードバックが得られる機会になるので、それだけでも貴重です。

売り手側としてはいきなりニーズアポが欲しい気持ちはわかるものの、ニーズではなくイシューを意識し、さらに相手が望むｗｉｎを提供しようとする目線をもった上でアプローチしなければ、プッシュ型で決裁者に連絡しても振り向いてもらえないわけです。このたとえ話では、それがあったからこそ僕は振り向き、会って初めてその先に仕事に結びつく可能性が生まれるわけです。

このように、相手の決裁者が喜ぶものを、僕たちは「ギブコンテンツ」と呼んでいます。

ギブコンテンツをもとに出会った後は、ICTBの法則で信頼関係を育み、「〇〇に困ったら、この人に相談してみよう」という存在になれれば、後はタイミングだけです。その場で導入というケースもあれば、ニーズが顕在化した時に相談されるケースもあるはずです。それは、知ってもらった相手が決裁者だからできることなのです。

今回は、役員対応・相互提案というギブコンテンツが僕には刺さったというたとえ話でしたが、他にもギブコンテンツの形はたくさんあります。

2章3項にて、決裁者マッチングの利用マナーとして、

・アプローチする側も決裁者対応
・一方向型ではなく双方向型
・相手に合わせた個別メッセージ

の3つを挙げましたが、実際には「決裁者が直接対応する必要がない」「双方向型のアポイントは質が低い」「個別連絡は面倒」と仰られるケースも多いです。ですが、本質は決裁者対応も、双方向型の個別メッセージも、会いたい決裁者と出会い、成果を上げる確率が高い手段のひとつであり、目的はギブコンテンツを通して会いたい決裁者と会うための土台づくりなのです。3つの項目は、あくまでもギブコンテンツを創ろうとして見えてきた、再現性があるものなので、僕たちからお伝えしているだけなのです。

このように、弊社の『チラCEO』は、信頼関係によって支えられています。決裁者とのアポイントを、相手の課題やニーズを深く理解して、背後にある本質的な課題を把握して進

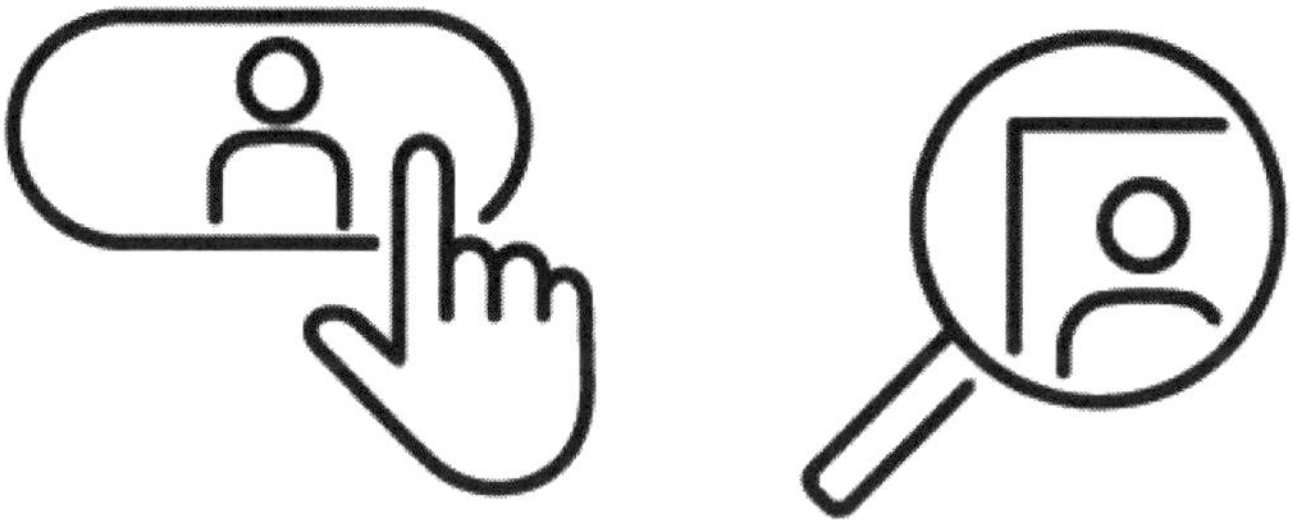

めていくことが大切です。時には、決裁者が認識していないような問題点を見出し、より包括的な解決策を提案することで、真の価値を提供できることもあります。

単に製品やサービスを提供するのではなく、相手にとって有益な情報や洞察、時には自社のネットワークを共有するなど、常に価値提供を意識してみてください。そのような姿勢が、長期的な信頼関係を築く鍵となり、予期せぬビジネスチャンスを生み出すのです。

逆に言えば、短期的な利益追求に走る

あまり、約束を破ったり不誠実な行動をとったりすることは、長期的な信頼関係を損なう結果となり、さらにそういった悪い口コミはコミュニティ内で一気に回ります。

どのような状況下でも一貫性と誠実さをもって対応し、約束を守ることで信頼関係が深まり、長期的なパートナーシップの構築に繋がります。これらのポイントは、一朝一夕で実現できるものではありません。時間と労力を要し、時には挫折を感じることもあるでしょう。

しかし、この過程を通じて築かれた信頼関係は、その後の皆様のビジネスの成功に大きく貢献することになるはずです。弊社が目指すのは、単なるアポイント取得サービスの提供ではなく、このような包括的な信頼関係構築のプロセス全体をサポートすることなのです。

「営業」から「情報」へ、「商談」から「相談」へ、「プロダクトアウト」から「マーケットイン」へ。こうした変化に柔軟に対応し、顧客との深い信頼関係を築いていくことが、これからのＢtoＢセールスの成功の鍵となるでしょう。

決裁者マッチングの心得

商談は決裁者対応
現場担当者ではなく
決裁者同士が出会う場

双方向型商談
一方的な営業ではなく
相手の話も聴く姿勢

相手に合わせた連絡
一斉送信文面ではなく
個別連絡文面を送る

中長期的に成果最大化
ICTBの法則を理解し
ポジショニングを確立

ギブコンテンツの構築
相手のwinを意識し
興味を得てから会う

その結果として、提案する側にとっては安定的に再現性ある成果に繋がり、提案される側にとっては自社の課題解決に繋がり、僕たちにとっては双方の課題解決に同時貢献できる状態に繋がる、そんな三方良しの関係性を一つでも多く増やしていきたいと考えています。

第4章

決裁者マッチングを実践する

～『チラCEO』という選択肢～

ここまでお読みいただいた上で、「自社において、良質なアポイントの3要素のうち、決裁者性を重視した集客手法を取り入れたい」「決裁者マッチングの本質を理解したから早く導入したい」と思っていただけた方は、いよいよ実践編です。ここまで理解しても、決裁者と実際に会える方法がなければ絵に描いた餅になってしまいます。

結論、僕たちが提供している決裁者マッチングサービス『チラCEO』を活用すれば、決裁者との出会いは間違いなく生まれます。では、実際に『チラCEO』を通して、どのように決裁者とのマッチングを実現できるのか？　良質なアポイントを獲得するためにどのように活用すればよいのか？　についてお話ししていきます。

4.1　3つの導線でリスクヘッジ
〜確実に決裁者と出会える状況をつくる〜

『チラCEO』は、僕たちが一人ひとりと対話を重ね、積み上げてきた7，200名（2024年9月時点。毎月増加中）の中から、皆様が会いたい決裁者と繋がるサービスです。具体的には、３つの導線を活かして決裁者マッチングを実現します。

＊先述のように、マッチングの方法は問わず、良質なアポイントを提供する目的に向けて常に進化し続けているサービスなので、本書をお手に取っていただいたタイミングでは、さらに内容がアップデートしている可能性があります。あくまでも、現在（２０２４年９月時点）のサービス内容としてご覧いただき、最新情報は直接お問い合わせください。

現在、具体的なマッチング導線は、３つあります。

①プラットフォーム
②リファラル
③イベント

サービス提供内容は全プラン共通なので、これからお伝えする導線は、全て使うことができます。それぞれの詳細をお伝えします。

チラCEOのマッチング方法

①プラットフォーム活用　②リファラル紹介　③イベント参加

弊社と直接つながりがある決裁者との商談機会を、
性質が異なる3つの方法を通して実現

①プラットフォーム

プラットフォーム内では3つの機能を活用できます。それぞれに、能動的、受動的な活用方法があり、フル活用するとマッチング数を伸ばしやすい導線です。

(1) おすすめ機能

毎日5人、おすすめの決裁者が表示されます。会いたい人が表示された場合、会いたいリクエストを送ることができます。相手が承諾をしたら、直接メッセージのやり取りが発生し、アポイント調整に進みます。事前に会いたい決裁者の条件をペルソナ登録しておくと、それに沿った方が表示されやすくなります。決裁者性とターゲット企業性に強みがある導線で、マッチング数を伸ばしたい場合は一番おすすめです。

(2) メッセージ機能

毎週10人、会いたい決裁者を検索して、直接メッセージあるいは会いたいリクエストを送ることができます。相手から返信が来たら、アポイント調整に進みます。業種・従業員数・ニーズ・設立年数・所在地・年齢など、プラットフォーム独自の抽出条件で検索できるので、ピンポイントで会いたい方とお会いできます。決裁者性とターゲット企業性に強みがある導線ですが、ニーズ性も打診内容によってコントロール可能です。

(3) 掲示板機能

毎月5回、プラットフォーム上にPR投稿ができます。自社の商材情報、新サービスリリース情報に加え、ウェビナー情報や展示会出展情報などを配信している方もいます。投稿を見た方から反応がくると、マッチングに繋がります。また、他のユーザーが提案を受けたい課題やニーズを投稿しているものに対して、手を上げることもできます。

さらに、ニーズ性があるアポイントが欲しいという声は「有料会員」から多くいただくため、最近では、弊社のメンバーが定期的につながりのある決裁者と定例MTGなどをおこないながら信頼を獲得し、現場で聞いてきたニーズを代理投稿するなど、間に入っておつなぎを進める導線の確立も強化しています。

決裁者性とニーズ性に強みがあるので一番期待をされやすい導線ですが、先述（第3章）の通り、決裁者からはなかなかニーズが出づらい性質があるので、理想のニーズが定期的に流れてくることはコントロールしづらいです。（ここを再現性高く提供できるように、サービス開発は常に進めています）。

これら3つの機能がプラットフォーム導線の概要です。能動的なアプローチとなるので、使えば使うほどマッチング数は伸びていきます。加えて、各導線では、他会員から逆に連絡が来るケースもあります。受動的なアプローチの発生頻度はコントロールできないため、シミュレーションがしづらいですが、受け取ったアプローチに対して積極的に承諾をすると、マッチング数はさらに増えます。

もちろん、いずれの機能を使っても、自ら会うか会わないかを事前に判断できるので、ターゲット企業性と決裁者性は担保できます。決裁者と出会う数を増やしたい場合は、プラットフォーム導線の活用がその実現を後押ししてくれることは間違いありません。一方、ニーズ性はコントロールしきれませんし、決裁者マッチング自体がそれを強みとするマッチング方法ではない点は再度強調しておきます。

②リファラル

『チラCEO』導入時のキックオフミーティングにて、会いたい企業の条件と紹介文の内容をすりあわせします。そして、条件に合致する決裁者を、プラットフォーム上で抽出してリスト化し、その方々に向けて、僕たちから定期的に推薦文をお送りしています。その内容を見て、相手から興味をもっていただいて、お引き合わせの希望があった場合、３者間のグループを作成して、おつなぎする方法です。

ターゲット企業の決裁者に、第三者からおすすめ連絡をした上で、興味をもった人をおつなぎするので、３要素の目線で見ると入り口時点で良質なアポイントに近づきます。ですが、今このタイミングで導入いただけるかどうかまではコントロールしきれません。

③イベント

新型コロナウイルスの落ち着きを受けて、２０２３年1月から毎週「経営者ＢＡＲ」という決裁者限定のオフライン交流会（会場は主に東京）を開催しています。毎回10名程の少人数で、全員としっかりお話できる質の高い会を目指して運営しています。回によってテーマや参加条件が異なるため、会いたい決裁者が集まりそうな会を選んでご参加いただけます。

イベントの開催例としては、

・大手上場企業の経営者に直接プレゼンできる形式
・従業員50名以上の役員限定など同じフェーズの方同士が交流できる形式
・採用ナレッジシェア会など、共通の経営課題に沿って情報交換する形式
・釣り好き、静岡出身など、パーソナルな切り口を軸に出会う形式

など、様々な切り口で企画運営しています。

直接対面でお話ししてからアポイントに繋がるので、仕事に繋がりやすいという声も多いです。東京以外にいる方も、出張に合わせて参加してくださっています。間もなく節目の

100回を迎えますが、満足度99％の人気企画です。今後は、人数規模が大きな会も定期開催したり、開催場所を日本全国に広げたりする予定もあり、さらに機会が増える予定です。

これらの性質が異なる3つの導線を駆使することで、『チラCEO』内でも施策を複数試すことができます。そのため、たとえどこかの導線が上手くいかなかったとしても、別の導線でカバーできれば、『チラCEO』全体としては安定的かつ再現性をもって、決裁者アポイントを獲得し続けることができます。

ターゲット条件や活用度合いによるので、成果を保証することはできませんが、全力で活用しても一切アポイントがとれないというケースはありません。一般的には、毎月5～10人の決裁者と出会っている方が多く、多い方だと月間30人とお会いしているという事例もあります。一つ言えることは、皆様の状況や目的に合わせて活用すればするほど、より多くの決裁者と出会えることは間違いありません。逆に言えば、活用をしなければ成果には結びつきませんが、ここまで多くの決裁者とアポイントがとれるサービスは、手前味噌ながらほかにはないと思っています。

登録ユーザーの属性

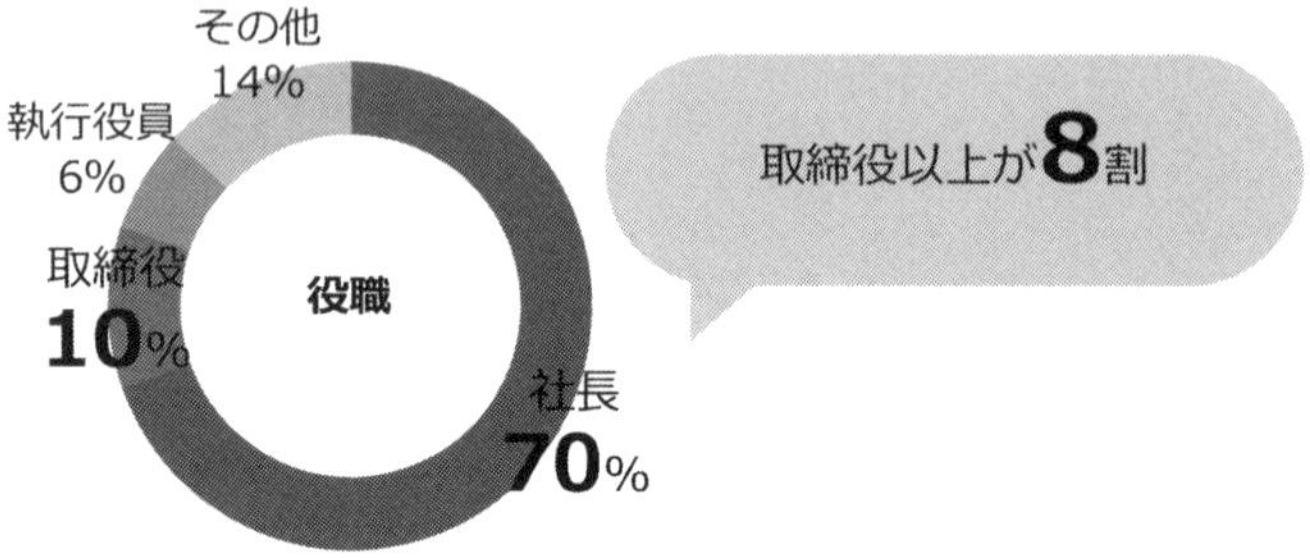

その他
14%
執行役員
6%
取締役
10%
役職
社長
70%
取締役以上が8割

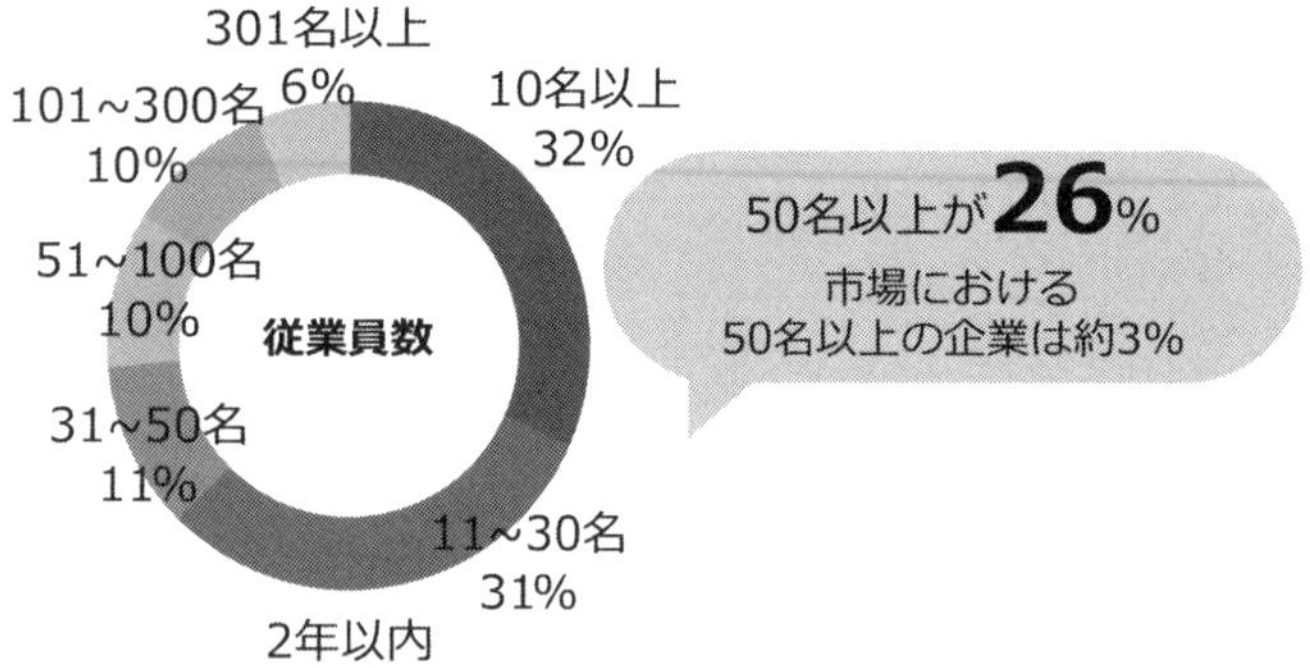

301名以上
6%
10名以上
32%
101~300名
10%
51~100名
10%
従業員数
31~50名
11%
11~30名
31%
50名以上が26%
市場における
50名以上の企業は約3%

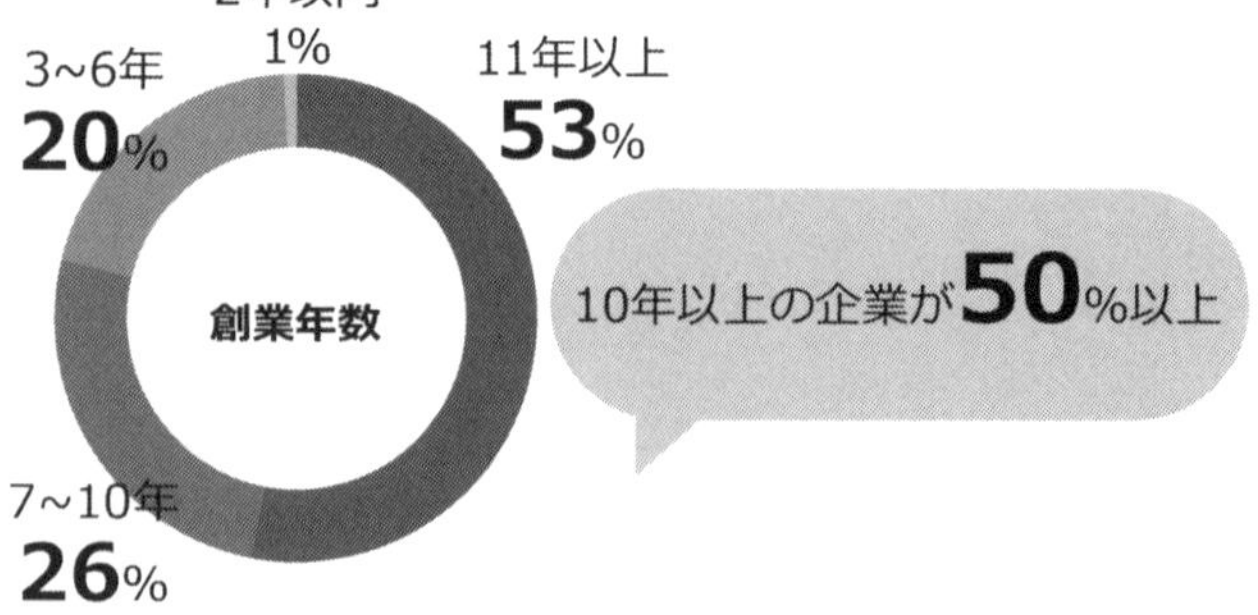

2年以内
1%
3~6年
20%
11年以上
53%
創業年数
7~10年
26%
10年以上の企業が50%以上

第2章でお伝えしたこれまでの軌跡を思うと、こうしておつなぎが安定的に創出できている現状が感慨深くもありますが、さらに数も質も高めていけるようにサービスを磨き上げていきますので、今後の『チラCEO』の変化にもご期待ください。

4.2 想像以上に長い決裁者への道のり 〜『チラCEO』でコストと時間の大幅ショートカットを実現〜

僕たちが7，200名の決裁者と出会うまでには、ありとあらゆる集客手法に取り組みましたが、その裏には莫大なコストと時間がかかりました。そこで痛感したことは、決裁者と繋がるのは本当に難しいということでした。

僕たちほど、決裁者と繋がる必要性がある会社は、世の中にもなかなかないと自負しています。四六時中、いかに決裁者と出会うかを考え続け、挑戦してきた僕たちでも、決裁者と会い続けることは、非常に難しかったのです。

合計3回、累計26億円の資金調達を実施した後、特に注力したのは、テレビCMやタクシー広告、新聞、雑誌、各種SNS広告などのあらゆるマーケティング施策でした。とにかく知名度をあげて、登録決裁者をどんどん増やしていくことが、「有料会員」に価値を提供する上で重要だと思っていました。

しかし、DM送付代行・メルアポ代行・テレアポ代行・FAX代行などのプッシュ施策では、なかなか決裁者のアポイントはとれず、とれても小規模事業者ばかり。獲得できたアポイントも、「話を聞いてあげるよ」「今日は何だったっけ」というような、ゼロから関係性がはじまる機会が多かったです。僕たちが「有料会員」から期待されている、従業員数が一定以上ある企業の決裁者にいきなり会える手法は、正直なところほとんどありませんでした。参考までにお伝えすると、その中でも、決裁者と出会うために有効だった数少ない施策としては、手書きの手紙施策や営業顧問施策が挙げられます。

手書きの手紙施策は、大手企業の経営者とも繋がることができます。この施策で成果を上げようと改善を繰り返す中で、いかにして経営者に振り向いてもらうかを研究してきました。

①企業リストの精度（リスト抽出条件）
②アプローチ先の役職の精度（どの役職に送るか？　どこの部署に送るか？　等）
③文面の精度

の3つが成果を左右する変数であることも理解しました。（弊社では、手書きの手紙施策を活用したアポイント獲得支援サービスもおこなっています）

なかなかアプローチできなかった方と出会うきっかけになり、今でもつながりがある方もいる一方で、どうしてもアポイント獲得単価は高騰してしまいました。また、一度に何十件ものアポイントを安定的に獲得することは困難でした。

営業顧問施策は、人のつながりの力を借りて経営者と出会うことができます。自分たちが近い動きをしているので、これほど有難いことはありません。営業顧問施策で成果を上げようと改善を繰り返す中で、

①自分たちに合う顧問を見つけること
②一人の顧問からご紹介をいただく母数には限界があること

③常に新しい顧問候補を探し続ける必要があること

この3つがポイントであることが見えてきました。また、毎月安定的にご紹介をいただくのも難しく、これについては逆の立場もわかるので、よく理解できます。

このように、数少ない有効な手段としての手書きの手紙施策や営業顧問施策も、アポイント獲得数の安定化、再現性の難しさと共に、一定期間は効果を得られるものの、常に活用し続けるのもなかなか難しい施策であり、常時頼れる導線としては成立しきれませんでした。さらに、これらはターゲット企業の条件が明確でなければ、上手く活用できないこともわかりました。

プッシュ型の施策に加えて、LPやホワイトペーパーを量産し、記事コンテンツを作成して、プル型施策にも力を入れました。加えて、テレビCMやタクシー広告、新聞、雑誌、リスティング広告や各種SNSへの広告なども実施しました。しかし、プル型だとどうしても決裁者と繋がりたいニーズをもつ営業担当者や小規模事業者からの問い合わせが多く、理想としている一定規模がある企業の決裁者と繋がることはできませんでした。

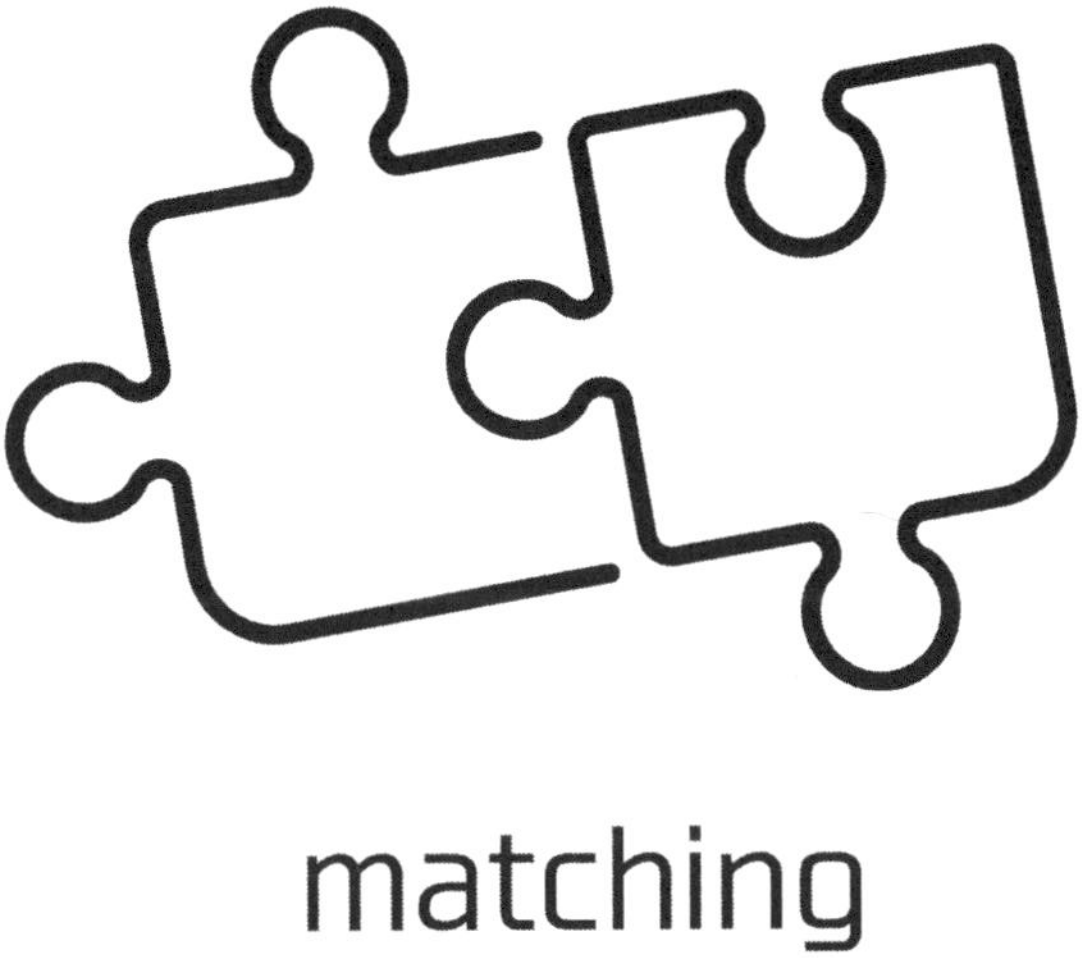

さらに、プル型の施策をおこなう場合は、ペルソナと、訴求ポイントを明確にする必要があります。そこも手探りでやっていたときは成果が出づらかったです。また、プル型施策だとどうしても一定期間を経過すると成果が鈍化します。リーチできる層を一周してしまうからです。だからこそ、常に訴求ポイントや切り口を変え続ける体制や改善姿勢がなければ、継続的に成果を出し続けることは難しいことも見えてきました。

逆に言えば、プッシュ型施策で精度を高めながら、ターゲット企業の条件を明確にすればするほど、それを活かしてプル型施策の訴求ポイントの精度向上や切り口増加にも繋がるという流れも理解しました。

いずれにしても、一つの施策だけに頼って永遠に成果を出し続けることは難しく、掛け合わせで成果を上げ続ける必要があることを痛感しました。そして、プッシュ型でも、プル型でも、決裁者にたどり着くまでには相当な時間とコストがかかることを、身をもって理解したのです。

結局、7,200名の決裁者と繋がるまでに、10年の歳月と10億円以上の費用という莫大な時間とお金がかかりました。もう一度同じことをやれと言われたら、やりたいとは思いません。それよりも、これまでの経験を元にもっと効率的な方法を考えて進めたいというのが、今の素直な気持ちでもあります。だからこそ、本書の内容には、数年前の自分に読んでほしい、同じ失敗を繰り返す人が一人でも減れば、という想いも込められています。

一方で、振り返ると、結局決裁者とのつながりは、泥臭く非効率の中にこそ生まれるのかもしれないとも思っています。そういう意味では、遠回りに見えて一番の近道を通ってきた

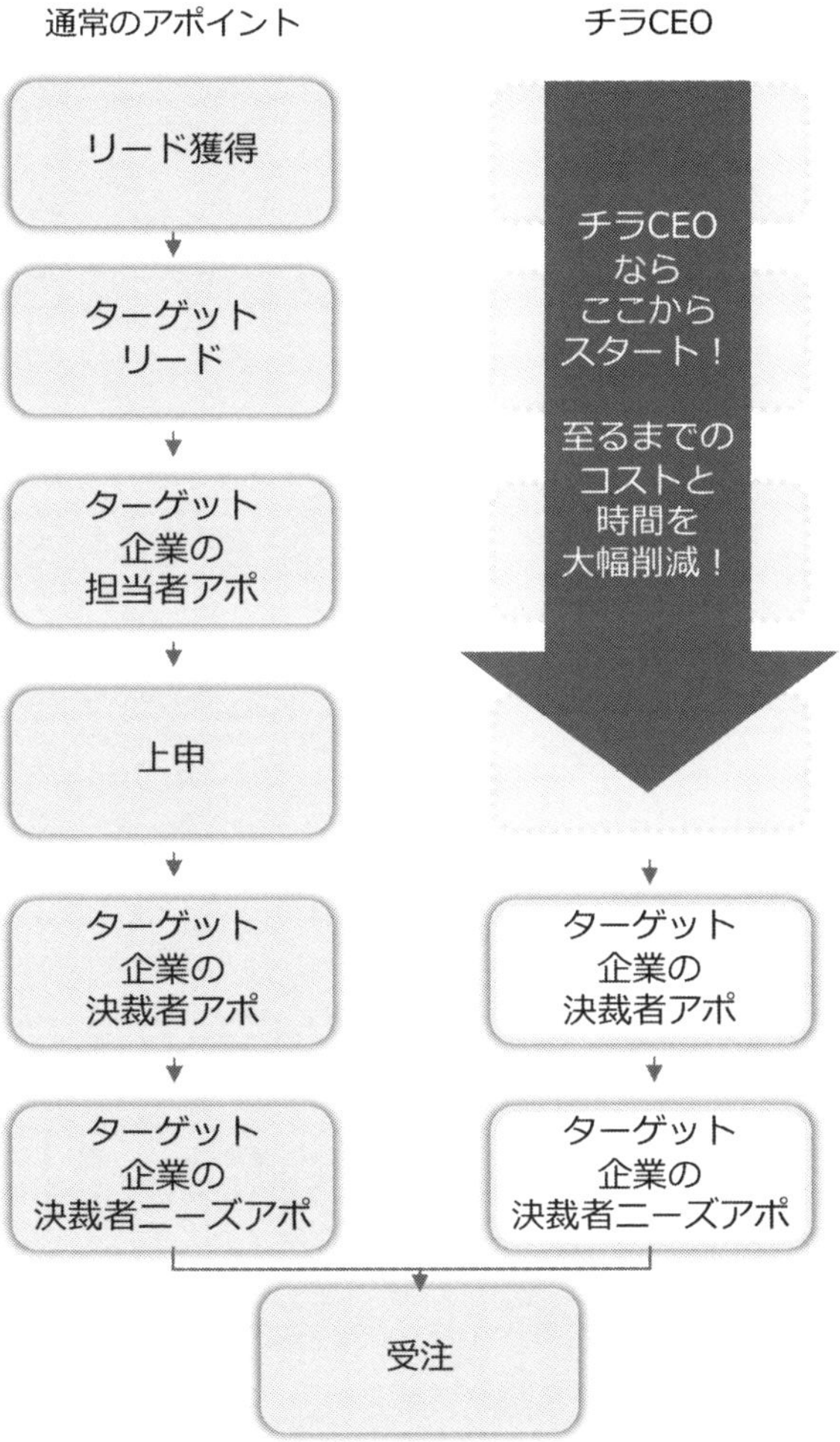
通常のアポイント
チラCEO
リード獲得
ターゲット
リード
ターゲット
企業の
担当者アポ
上申
ターゲット
企業の
決裁者アポ
ターゲット
企業の
決裁者ニーズアポ
チラCEO
なら
ここから
スタート！
至るまでの
コストと
時間を
大幅削減！
ターゲット
企業の
決裁者アポ
ターゲット
企業の
決裁者ニーズアポ
受注

のかもしれません。

時々、僕たちが提供する決裁者とのつながりを、値段が高いとか、質が低いとか言われることがあります。もちろんその改善はしますが、一度冷静に考えていただきたいと思います。仮に自社で様々な営業手法を使ったり、採用した営業マンが人力でそのつながりをつくったりするために、どれほどの時間とコストがかかるかを。おそらく想像している以上に大変なはずです。

そのプロセスをショートカットして、決裁者といきなり繋がることができる『チラＣＥＯ』の存在価値は、手前味噌ながら僕たち自身が身をもって実感しています。僕たちが歩んできた険しい道、多くの時間、お金をかけずとも、決裁者と繋がる手法を提供するサービスが『チラＣＥＯ』なのです。僕たちはこれからもそのつながりを惜しみなく提供していきたいと思います。

4.3 決裁者マッチングの弱みを逆手に〜最上級のアポイントを創りだす方法〜

今でさえ毎月安定的に決裁者との出会いを提供できるようになった『チラCEO』ですが、もちろん目的はアポイント獲得の先にある案件化、受注です。これまでお伝えしてきた通り、成果に結びつけていくためには、『チラCEO』で獲得できるアポイントの特徴を理解し、適切に活用をしていただく必要があります。そこで、改めて『チラCEO』という導線の特性について、お話しさせてください。

第1章に沿ってお伝えすると、『チラCEO』はプッシュ型施策の色が強く、良質なアポイントの定義になぞらえると、

・ターゲット企業性：決裁者自らが会うか会わないかを判断できるため◎
・決裁者性：審査制を採用しており、決裁者と会えるため◎
・ニーズ性：今このタイミングで顕在課題があるかどうかは不明なので×

となります。ひと言で言えば、僕たちとつながりがある7、200名（2024年9月現在）の中から、会いたいターゲット企業の決裁者とのつながりを、最大限増やせるサービスと言えます。スタートラインで3要素のうち2つを満たすので、良質なアポイントまでの道のりのスタートラインをショートカットすることができます。ここで勝ちパターンをつくってしまえば、再現性がある一つのアポイント獲得導線として、皆様の営業活動にとって有効な新しい選択肢になれるはずです。

一方、どうしてもプッシュ型の色が強くなるので、前述のような決裁者の購買心理を汲み取った営業活動を中長期目線でおこなうことが必要です。はじめからニーズ性を伴う3要素を満たす良質なアポイントが欲しいという声を多くいただく気持ちもわかります。その提供ができるように、弊社としてもサービス改善をしていますが、ニーズはナマモノであるため、安定的な提供をお約束することは決して簡単ではありません。

時々、運よくサービス利用開始早々に、ニーズがあるアポイントを獲得できて案件化するケースもあるものの、それは当たり前ではなく、再現性はありません。後々皆様の期待値とズレないためにも、施策の特性理解としてはあえて「×」と表現しています。そのため、ニーズ性が強い決裁者のアポイントが、待っていれば自然と入ってくる導線として捉える方は、『チラＣＥＯ』の導入を控えた方が良いでしょう。

しかしここで、一つ伝えておきたいことがあります。実は、ニーズ性は自らの努力で生み出すことができ、良質なアポイントは創り出すことができるという話です。理論上、ターゲット企業の決裁者と会えれば、あとは導入のタイミングを待つのみです。そこで重要になってくるのは、第３章でお伝えした信頼獲得です。

初回ＭＴＧ時に信頼を獲得し、「この領域に困ったら〇〇さんに相談しよう」という第一想起されるポジショニングを築いてしまえば、ニーズが顕在化した時に比較検討なく、個別に相談が入ってきます。逆に言えば、ニーズが顕在化した時点で出会うと、比較検討や相見積もりが前提で商談がはじまります。ぱっと見は後者のニーズアポイントの質が高く見えても、実は前者の方が真の良質なアポイントに近いでしょう。

さらに、B to B業界においては決裁者がインフルエンサーであり、キーパーソンです。同じフェーズ、近い価値観の決裁者同士は、常に情報交換をしてコミュニケーションをとっています。そこで、親しい仲間に悩みを相談した時、「その領域だったら信頼が置ける○○さんを紹介しよう」と思い出される関係性を築いておけば、リファラルという最も皆様が欲しい良質なアポイントに繋がります。

だからこそ、中長期目線で見れば、『チラCEO』を活用して良質なアポイントを獲得できます。ニーズが顕在化した際の相談アポや、周りの友人を紹介してもらうリファラルアポを通して、良質なアポイントを安定的に、定期的に、積み重ねることができるのです。

以前は導入時の不安を取り除くために、短期お試しプランも用意していましたが、それでは決裁者マッチングの特性とお客様の期待に、認識のギャップがあると気づきました。

短期目線で投資回収を急ぐと、どうしても売り込み色が強くなってしまい、結果として信頼関係が獲得できず、成果に結びつかなかったのです。それでは受け手側にとっても良いつながりが生まれづらくなります。

一方、成果を上げている方々には、中長期目線で確実に案件を積み重ねるという共通項があります。この場合、受け手側にとっても良いつながりとなり、感謝されることが多かったのです。だからこそ、中長期目線でご活用いただく方が増えれば、必ず三方良しのおつなぎになると確信しました。そこで、現在の『チラＣＥＯ』は、プランによって役務提供内容は変えず、契約期間が長くなればなるほど費用が下がるプラン設計に変更しました。

本来のCEOの特性

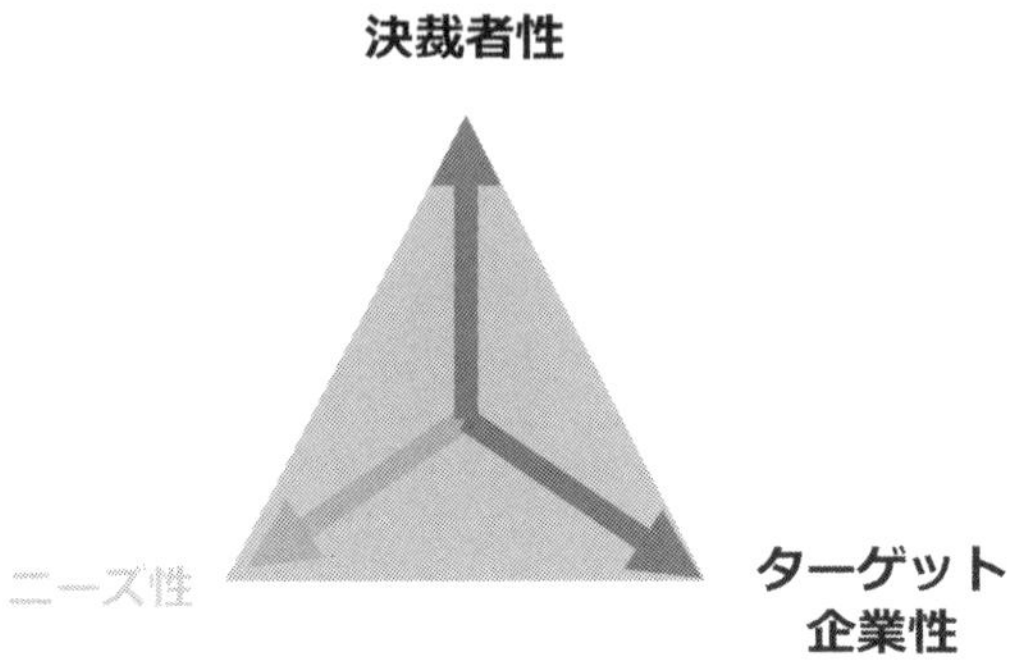

チラCEOが持つポテンシャル

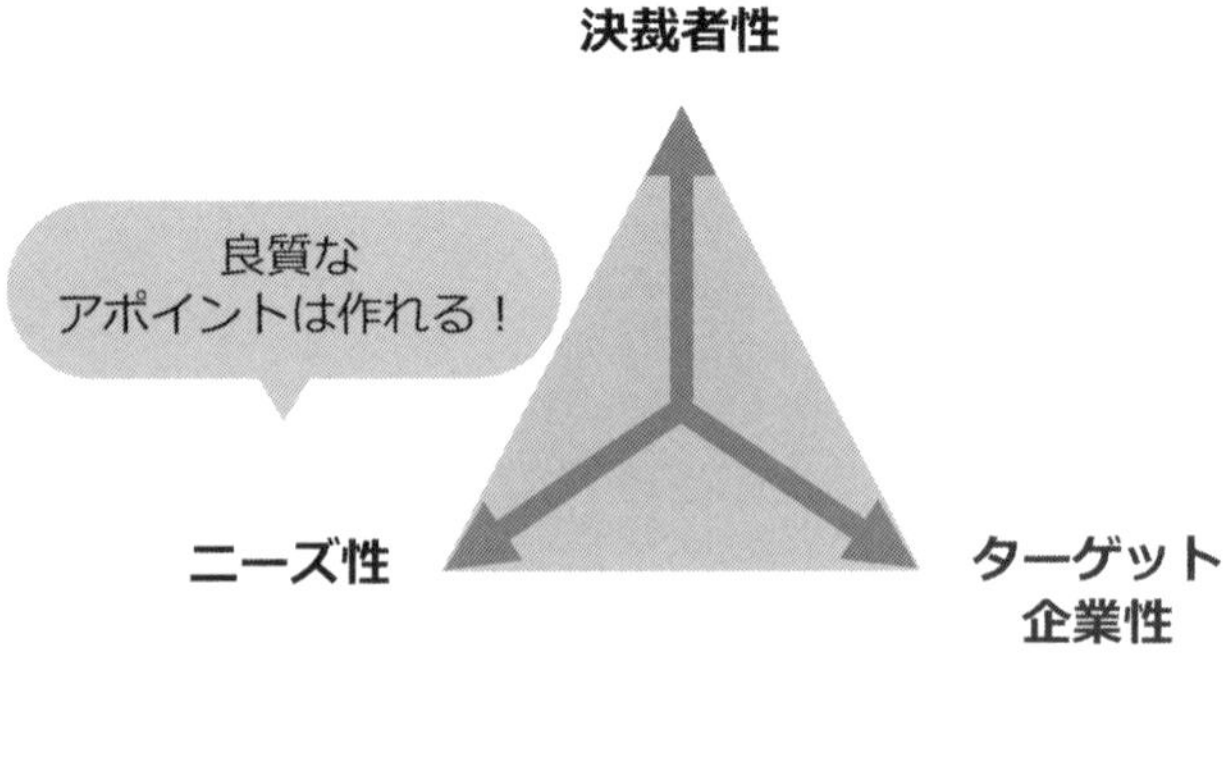

現在、最長で2年契約プランがあるので、変更当初は受け入れられるかどうか不安もありましたが、結果としては双方の期待値がズレることがなくなり、非常に良い意思決定だったと手ごたえを感じています。最近はお申込みいただく方のほとんどが2年プランです。サービス特性と料金体制に一貫性をもたせることで、短期目線の人には一層相性が悪いサービスとなりましたが、中長期目線の人には非常に相性が良いサービスとなりました。決裁者マッチングの特性を理解した上で導入いただける方が増えてきて、嬉しい限りです。

さらに、中長期目線で信頼関係を大切にした結果、マッチング先からの良い評判が多いお客様は、その先にもさらに良質なアポイントが増えて成果が上がりやすい構造になっています。それは、弊社内でも、第一に想起される存在になるからです。

手前味噌ながら、僕たちほど決裁者からの相談が毎日のように集まってくる会社はなかなかないと思います。ご相談をいただいた際、社内では「有料会員」の中からおつなぎ先を探すのですが、評判が良い人はすぐに思い出されます。すると、良質なアポイント3要素を満たした上で、さらに、第三者からのレコメンド性も上乗せされた、誰もが欲しい最上級のアポイントが生まれるのです。

このアポイントは発生頻度がコントロールできないため、役務提供内容には入っていない導線であるものの、事実としてはこういったおつなぎも生まれています。もちろん、この最上級のアポイントを安定的に提供し続ける状況ができれば、お客様へさらに喜んでいただけるので、その実現ができる『チラＣＥＯ』を目標に、日々サービス開発を進めています。

ですが、仮にそのアポイントを提供できる仕組みと体制が構築できたとしても、ご紹介の裏には僕たちとの信頼関係が必須です。お金をいただいているという契約関係だけではなく、安心して紹介できるという信頼関係があるからこそ、感情が乗った最上級のアポイント提供が実現できるのです。

マッチング先の決裁者とも、僕たちとも、中長期目線で歩むことが、今までになかった集客導線の確立に繋がり、結果として最上級の良質なアポイントの獲得に繋がるのです。

第5章

我々はこうして不安を成果に変えた

～導入事例に学ぶ決裁者マッチング活用術～

ここまでは決裁者マッチングに対する概念や活用方法、そして、『チラＣＥＯ』を通して決裁者と実際に出会える方法についてお伝えしてきましたが、それを絵空事で終わらせず、現実にすることが一番の目的です。

決裁者マッチングは、従来なかった新たなＢtoＢ集客手法であるため、導入に興味はあっても未知数なことが多く、不安を抱かれるケースもあります。これまでの内容を読んで、その不安が少しでも和らいでいたら嬉しいですが、それでもよく相談される不安の事例がいくつかあります。

ですが、今実績を上げている皆様も元々はその不安をもっており、それを乗り越えて活用の決断をしたからこそ、大きな成果に繋がっています。本章ではそのような事例を基にお話しします。皆様にとって、より具体的な活用イメージに繋がれば幸いです。

5.1 ターゲット条件が明確になっていなくて不安

『チラCEO』は、プッシュ型の施策であり、良質なアポイントの3要素で言えば「ターゲット企業性」と「決裁者性」に強みがあります。その特性上、誰と出会うべきかを誤ると、どれだけ多く決裁者と会えたとしても成果が出づらいのです。もちろん、『チラCEO』に限らず、これは全てのプッシュ型施策にも同様のことが言えます。だからこそ、導入前にターゲット条件が明確になっていないと、成果が出るかどうか不安に思われる方がいます。

しかし、ターゲット企業の条件を聞かれて明確に答えられる人は思いのほか少ないのです。僕の感覚では、日々相談に来られる方のうち9割は、ターゲット企業の条件が明確になっていない印象です。では、明確になっていなければ活用できないかというと、そうではありません。むしろ、定まっていないことが当たり前とすれば、そこからどうやって『チラCEO』を活用すれば良いのでしょうか。

結論から申し上げると、むしろそのような状態だからこそ、決裁者マッチングサービスを活用していただく価値があると考えています。

もちろん、最初はターゲット条件を暫定的に決めた上で進めた方がよいでしょう。しかし、この時点で完璧な条件になっていなくても大丈夫です。まずは、その仮で設定したターゲット条件に合致する人たちと多く会ってみます。

すると、実際に話を積み重ねていく過程で、合う合わないの感覚値が商談現場で得られるはずです。段々とターゲットの条件とターゲット外の条件が言語化されていき、その後の運用では絞り込みが容易になって、徐々に精度が高まっていきます。

この動きを、担当者相手にどれだけ重ねていっても、その先にいる決裁者が首を縦に振らなければ受注には至りません。だからこそ、決裁者が実際にどう感じるか、なぜ発注をいただいたのか、なぜ見送られたのかを丁寧に知ることが大事です。

「量質転換」という言葉もありますが、まずは数をこなしながら、ターゲット条件を明確にしていきます。大切なことは、完璧な条件を事前にもっていることではなく、ある程度の仮説をもって数をこなしていきながら、決裁者がどう感じるかを直接つかみ取り、精度を高め続けることなのです。そして、それができるのが、決裁者同士のマッチングならではの特徴です。

【事例①：PR支援をおこなう中小企業の社長】

印象的なお客様がいます。株式会社ｏｎｅ、代表取締役（ご利用当時。現取締役）の荒木克彦様は、新規顧客獲得を目的に『チラCEO』を1年活用しても全く成果がでませんでした。具体的には、1年間で１００名以上の決裁者と商談したのに、受注が全く出なかったのです。社内的には継続に対して反対意見があったそうなのですが、荒木様は「これだけ多くの決裁者とお会いして受注が出ないのは、運用方法に変えるべき部分があるのではないか？」と捉え、2年目に突入しました。

振り返ると1年目は、資金体力がありそうな従業員数が多い企業や、ＰＲブランディングニーズが登録されている企業を中心にアプローチしていました。多くの方と商談をする中で、仕事に繋がりそうな人とそうでない人が大きく分かれたそうです。その定性的な感覚をもとに荒木様が出した結論は、「明るくて、元気で、前向きな社長」というターゲット像でした。そういう社長が経営する会社は事業成長しており、近い将来PRニーズが出てくる傾向が強かったのです。そこから、その条件に合致しそうな経営者に絞ってお会いしていったところ、3か月後くらいから芽が出はじめ、受注が生まれるようになりました。

さらに、想定外ではありましたが、そこで出会った人の周りには似たような素敵な社長たちがいることが多く、リファラルもどんどん生まれていったのです。そこに気づいてからは、目の前の人から1受注を獲得するのではなく、その先にいる10人の大切な友人を紹介してもらえる自分になろうというマインドで商談に臨むようになりました。

最終的には、直接のお客様が6割、出会った人から紹介していただいて生まれたお客様が4割となり、2年間でかけた費用の10倍以上を回収することができました。今では、荒木様の周りには素敵な社長の輪が広がっており、その社長を中心に、まさに三方良しの素晴らしいコミュニティが出来ています。

周りに笑顔の輪を広げている、僕も好きな社長の一人です。素晴らしい人の周りには素晴らしい人が自然と集まってくるんだ、力になりたい相手（ターゲット企業）の条件が明確になれば一気に成果が変わるのだと学ばせていただいた印象深い事例です。2年目に突入する時、僕たちとしても不安がありましたが、結果で肯定できたことをとても嬉しく思っています。

5.2 事業内容が固まっていなくて不安

『チラＣＥＯ』の利用をご検討いただくタイミングの一つに、新規事業の立ち上げがあります。前項で書いた通り、まさにターゲット企業が不明確であったり、訴求ポイントがブレていたりするテストマーケティングのフェーズで、ご相談いただくことも多いです。

この場合も、決裁者マッチングサービスが力を発揮できると考えています。理由としては、テレアポなどのプッシュ型施策を活用する場合は、ターゲットリストの抽出条件を明確にしておかないと依頼が難しく、前項のようにその礎となるリスト精度の向上に繋がる動きになるからです。また、決裁者から生の声を聴くことは、市場の声を聴くことと同義になるので、その声を基にして事業を修正していけば、事業立ち上げのスピードも精度も高まっていきます。

さらに、プル型施策の活用を検討している場合は、ＬＰやオウンドメディアを制作するまでに時間がかかったり、広告の訴求ポイントをＡＢテストしている間にコストがかさんだりするので、まずはダイレクトに声を拾える環境を経た後で、その活用を進めていくことをおすすめしています。クリエイティブは一度つくってしまうと変更がしづらいです。だからこそ、ある程度数をこなして、方向性が見えてきた上で、プル型施策に移行することも良い流れになるのです。

【事例②：ウェブマーケティング支援事業をおこなうプライム上場企業の執行役員】

ウェブマーケティング領域のプライム上場企業の執行役員（＊上場企業のため実名は控え

させていただきます）は、お問い合わせやご紹介だけに頼っていた営業の延長線上では、年間事業戦略を計画的に進めていくことが難しいと考え、アウトバウンド施策を検討していました。さらに、従来サービスを提供してきたエンタープライズ層に顧客が集中してしまう課題を解決するためにも、成長企業やスタートアップ企業まで支援の幅を広げる新規事業の検証タイミングで、その企業群の決裁者へ直接リーチできる『チラＣＥＯ』をご利用いただきました。

まずは新規事業の検証を見据えて、数を重視して決裁者との出会いを積み重ねていきました。スタートアップ企業の場合はマーケティング領域を経営層が担っているケースも多く、直接、意思決定者と会話ができる点で魅力を感じていただきました。

利用開始当初は商品説明を中心とした機械的な商談が多かったものの、途中から「まだまだサービスができていないのですがどう思いますか？」と壁打ちしながら、相手の反応がよければ提案する流れに変えたことで、インタラクティブなコミュニケーションが増加。実際にどんなサービスが必要なのか？　どのような料金設定であれば導入を検討できるか？　を丁寧にヒアリングしながら、いただいたフィードバックを基に自ら事業の磨き込みをおこない、事業の立ち上げが進みました。結果としては、年間で１００名を超える決裁者と繋がり、その中からいくつかモデルケースが生まれ、定量的な成果としても費用対効果は5倍以上を実現できました。

また、ちょうど執行役員になりたてのタイミングで、社内から外向きの仕事を期待されていた背景もあり、考え方やビジョン、スタンスが合うビジネスパートナーを含めた社外の人脈を広げるきっかけにもなったと喜んでいただきました。

非常にご多用な上場企業の役員でも、自ら商談機会に向き合ってくださるからこそ得られる成果がある、決裁者自らが先陣を切って事業の立ち上げ検証をおこなっていくことの重要性を学ばせていただいた印象に残る事例です。なお､この時立ち上がった事業は現在3期目、20名を超える部署まで発展しているそうです。新たなチャレンジをするタイミングで僕たちを信じていただき、結果としてその実現を後押し出来て嬉しかったです。

5.3　サービスの差別化がなくて不安

『チラＣＥＯ』をはじめ、営業支援サービスを利用するには、独自性のあるサービスがないと難しいと考えている方が多くいます。しかし、数千人とお会いしてきた経験から申し上げると、むしろ独自性のあるサービスを有する会社の方が世の中的には少数派なのではないかと感じています。同様に、無形のサービスだと成果が出づらそう、と感じている方は多くいます。ですが、むしろそういう方々こそ、決裁者マッチングが力になれるのではないかと考えています。

特に、ウェブ制作会社、システム開発会社、コンサルティング会社、広告運用会社などからそのような相談をいただきますが、その心配はありません。たしかに、商材とニーズを繋ぐビジネスマッチングサービスであれば、サービスの独自性や差別化がないと成果を出すことは難しいでしょう。一方、『チラＣＥＯ』は決裁者と決裁者を繋ぐ、人と人のマッチングです。だからこそ、商材という部分ではつくれない差別化を、人という部分でつくれるのです。

【事例③：デジタルマーケティング・システム開発をおこなうベンチャー企業の代表】

デジタルマーケティング・システム開発をおこなうバレットグループ株式会社、取締役CHRO兼カンパニープレジデントの後藤衛様は、事業領域として差別化がしづらいものの、競合他社がたくさんいる中で「どうせどこかに頼むのだったら、後藤さんに頼みたい」というリードを増やしたいという想いから、初めての決裁者マッチングサービスとして『チラCEO』を導入していただきました。

サービス開始当初は、「気持ちが合う人と会いたい、人柄が良い人と会いたい」という希望をもちつつも、会社のお金で月額費用を支払っているのだから、「なんとか回収しなきゃ！」と考えることが、正直にいえば辛かったそうです。ですが、途中で「経営者同士の接点ってそこじゃないんだ」「決裁者マッチングは仕事のマッチングではなく信頼関係を築ける人とのマッチングなんだ」というポイントに気づいてから楽になり、大きく結果が変わりはじめたそうです。

その後は商談時「こういう人と付き合いたいな！と思える人かどうか」を確認することを

目的にして、自分が普段仲良くしている人に紹介できるかどうかで判断するようになってから、関係性が変わりました。出会った人に友人を紹介したり、されたりしながら、直接の受注や案件の紹介もいただけるようになり、結果として定量的な費用対効果を得ることができました。

初回に気が合った方とはゴルフや食事を共にしながら関係性を深め、共通項として「ポジティブで、成長志向で、ギバーな人」との出会いが、仕事に繋がっていくという言語化にたどり着くことができました。今では、他の経営者コミュニティや交流会でも、そこで得たポイントを基に活動していると、自然と成果が上がりやすくなったようです。

また、こういう素晴らしい経営者同士の対話自体に価値を感じたため、内定者や新卒社員を商談に同席させ、その会話内容を肌で感じてもらうという、社員育成の場としても活用をはじめました。ちょうどこの時に内定者だった方が現在3年目社員となり、つい最近の採用イベントの中で、これまでの社内環境で良かったことを聞かれ「内定者時代に後藤さんの商談に同席させてもらったこと」と答えていたそうです。それを聞いて、僕もとても嬉しい気持ちになりました。

差別化がしづらいサービスだからこそ、選ばれる人になることで成果が向上する。素晴らしい決裁者同士のつながりは、その会話自体が大きな価値を生む。そして、それに触れることが社員の視座を高めることにもなる。そんな新しい決裁者マッチングの活用方法を教えてくれた、印象的な事例です。最初は導入に向けての不安を抱えていたので、良い結果に繋がったことで、僕自身も背中を押してよかったと思えました。

5.4 新しい概念のサービスが受け入れられるか不安

時代を先取りしたり、独自性があったりするサービスで、まだ世の中に認知されていないサービスを展開するタイミングでご相談をいただくことがあります。その場合、「まだ顕在化されていないニーズだから興味をもたれるかどうかが不安」「新しい概念なので理解されるかどうかが不安」という声をいただきます。

ですが、むしろそのようなサービスであればあるほど、決裁者マッチングが有効であると考えています。『チラＣＥＯ』が商品とニーズを繋ぐ、案件重視のマッチングサービスであれば不安はありますが、決裁者同士を人と人で繋げるマッチングサービスだからこそ、商品への顕在ニーズ性に対する不安は必要ないのです。

他の集客手法を使う場合は、新しい概念のサービスだと、事前に説明や認知が必要です。例えば、テレアポなどのプッシュ型施策では、数秒のトークやテキストだけでは伝わらず、興味をもってもらうまでに至らない恐れがあります。プル型施策では、そもそも世の中に認知されていないと顕在層がおらず、ニーズ自体が発生しづらいので、問い合わせや検索もおこなわれづらいのです。さらに、それらの施策を通してやっとの思いでアポイントを獲得し、担当者と話して理解、共感していただいたとしても、社内稟議を上げる際にその先の決裁者に正しく伝わらない恐れがあります。担当者も、社内で稟議を上げる際の説明がなかなか難しいのです。

だからこそ、まずは市場に対する認知獲得が非常に重要になります。そして、認知されるべき先は、定性的な部分までを判断材料に入れることができ、その人が理解すれば意思決定が左右される決裁者であることが必要です。それから、決裁者界隈で話題になり、認知を広めていくことが、新しい市場や考え方を創っていく上でも重要になります。むしろ決裁者に対して、決裁者自らが想いとその新たな概念の必要性を直接ぶつけていくからこそ、世の中に新しい市場が生まれていくものではないかと思います。

【事例④：インテントセールスを提供するベンチャー企業の社長】

最近急成長しているインテントセールス業界のパイオニアである株式会社Sales Marker、代表取締役の小笠原羽恭様は、サービスローンチと同時に、初の集客手法として『チラＣＥＯ』をご利用いただきました。今でさえ多くの企業が参入し、世の中に普及してきた営業手法ですが、リリース当初はもちろん、誰もその単語を知らない状況でした。

小笠原様は、営業力よりもまずは商品力を磨くことを大切にしており、商品開発を進める場として『チラＣＥＯ』で出会った決裁者との対話を進めていきました。だからこそ、出会った決裁者に対して、自社サービスが売れたか否かに関係なく、真に役に立つサービスを創りあげるための課題ヒアリングを重ねました。その結果、市場有無の確認や、これから進んでいく方向性の軌道修正が進み、ユーザーの共感理解を得て、初期ユーザーの土台を『チラCEO』を通して獲得することができました。その中から顧客事例として活用できる企業からの受注もいただき、一気に事業拡大する礎となる営業フェーズをご一緒することができました。

さらに小笠原様は、営業するには買う側がどういうロジックで買うのかを理解しておく前提も大切にされており、双方向型の決裁者マッチングだからこそ、自分も本気で提案しながら本気で相手のサービスを買う気持ちで商談に臨んでいました。だからこそ、買う側の気持ちも理解しながら、結果としてより良い提案ができるようになっていったと仰っています。そのような姿勢で臨んだからこそ、実際に発注する側として自社の課題解決がスピードアップしたり、お互い購買に繋がらなくても経営のアドバイスをいただける関係性になったりと、経営者としての成長にも繋がったと仰っていただきました。

世の中にまだない概念を広げていくことは決して簡単ではありませんが、小笠原様のように、社長自らが想いをもって世の中に広げていくことが、その市場を形成していく第一歩になるのだと学ばせていただいた事例です。そして、その認知を広げる先はやはり、まずは決裁者であることの重要性も改めて感じさせてもらいました。小笠原様は創業当初から、応援したいと思える素晴らしい社長だったので、今の急成長の土台となる、最初の一歩を共にできたことがとても嬉しいです。

5.5 ターゲット企業の登録が少なくて不安

自社のターゲット企業の条件が明確な場合は、僕たちが保有するプラットフォーム上の決裁者とどれだけ重なりがあるかどうかが気になるはずです。もちろん、『チラＣＥＯ』と相性が良いのは、いわゆるホリゾンタル商材と呼ばれる、どの業種や業態や規模にも提供できる、ターゲット条件が広いＢtoＢサービスです。例えば、営業支援、マーケティング支援、採用支援、コンサルティング、研修、福利厚生、コスト削減、クリエイティブ、制作開発などです。

逆に、バーティカル商材と呼ばれる、業界や規模や地域などが限定され、狭いターゲット条件に絞られている場合は、相性が良いとは言えません。○○業界特化、上場企業のみ、○○地域限定などは、アプローチ先が市場全体でも限られ、『チラCEO』登録者の中でも重なりが一部になってしまうからです。

なので、僕たちも、明らかにアプローチ先のターゲット条件が狭すぎる場合は、双方にとって良い取り組みにならない恐れがあるので、お断りするケースも多いです。たしかに、僕たちのつながりを「営業先リスト」としてみると、リストは必ず枯渇していきます。

しかし、一つのジャンプ台として見ると、結果は大きく変わります。非常に興味深い事例を挙げてみましょう。

【事例⑤：税理士事務所に特化してサービス提供をおこなうベンチャー企業の代表】

税理士事務所に顧客対象を絞ってサービス展開していた株式会社ミツカル、代表取締役の城之内楊様は、プラットフォーム上に士業の登録が数十人しかいない状況の中で、『チラCEO』の導入に不安を持っていました。ですが、とても魅力的な社長だったので、なんとかお仕事をご一緒したいなと思い、背中を押したところ、『チラCEO』にお申し込みをいただきました。

案の定、利用開始3ヶ月で士業にアプローチを終えてしまいました。正直なところ、ここから先はどうしよう……と僕も少し不安に思っていました。一般的に考えると、その時点で活用意義はなくなってしまうのですが、城之内様は着眼点が違いました。

最初は、元々の目的に沿って士業を中心にマッチングを進めていましたが、士業以外の決裁者と出会う中で自社の紹介をしていったところ、「税理士事務所とアライアンスを組んでいきたいが、出会う方法がなくて困っている」という声をたくさん聞いたそうです。一方で、自社は税理士を専門にサービス提供してきたからこそ、税理士とのつながりを豊富に持っていました。そこで、「むしろ税理士に会いたい企業と税理士を繋ぐマッチングサービスを立ち上げたらこのつながりをもっと活かせるのではないか？」という考えに行きつき、この３ヶ月の間に新規事業を立ち上げてしまったのです。

『チラＣＥＯ』で繋がれる先として、士業はまだカバーできていません。だからこそ、城之内様が創り出したサービスを求めている企業が多くいました。結果として、そのサービスが一気に伸びて売上が上がり、無事に定量的な費用対効果を実現したという事例です。加えて、会社が急成長を遂げる中で、自社の課題解決に繋がる発注先としてのパートナーも数多く生み出しており、顧客獲得に留まらない貴重なつながりが得られたと喜んでいただきました。

もちろんこの事例は、城之内様の推進力と発想力あっての成果ですが、ターゲット条件が狭い場合でも、このつながりをどう活かして事業を伸ばしていくかという目線で活用すれば可能性は広がるということを学ばせていただいた印象的な事例です。はじめはターゲットが少ないため僕も不安でしたが、背中を押して良かったと嬉しい気持ちになりました。

5.6 自ら商談に出ることへの不安

『チラCEO』の利用マナーの一つに、決裁者が直接商談対応するという点があります。プッシュ型で決裁者にアプローチをする上で、一つのギブコンテンツであることは、これまで述べた通りです。その点をお伝えすると、工数やリソースの観点から、自ら商談対応をすることに対して不安をもたれるケースが一定あります。

たしかに、ただでさえご多用の決裁者が、目の前の1受注のために直接商談対応をすることを考えると、時間対効果が合わないと思われがちです。しかし、それは決裁者との出会いを1営業現場とだけ捉えていることの裏返しです。これまでの事例で述べた通り、決裁者が直接商談に出ることによって得られる価値は、受注以外にもたくさんあります。

『チラCEO』を一定期間活用した上でよく仰っていただくのは、

・ターゲット企業像が明確になった
・サービスの訴求ポイントを修正できた
・マーケティング、営業活動全般の見直しが進んだ
・サービス資料のアップデートに繋がった
・担当者からはもらいにくい本当の見送り理由を聞くことができ、事業改善に活かせた
・知らなかった情報を知ることができてトレンドを捉えることができた
・レベルの高い営業を受けること自体が勉強になり、自社の営業を見直すきっかけになった
・担当者は転職するが、決裁者はずっとその会社に残る確率が高く、中長期的な資産になった

など、お客様からいただいた声を挙げればキリがありません。

あくまでも売上をつくっていくことが第一目的であることには変わりありませんが、定量的には営業活動をしながら、定性的に得られる経験を自社の事業や経営に活かすためにも、

決裁者自らが商談現場に出る意義があると考えています。

それらの可能性を理解した上で決裁者マッチングサービスを活用すると、「自ら使って良かった」と思える成果が出るはずです。ぜひ欲張って、多くの効果を得るために、決裁者自らが決裁者との出会いを最大限活かしていただきたいと、心から願っています。

【事例⑥：人材系プライム上場企業の取締役】

エン・ジャパン株式会社、取締役の岩﨑拓央様は、自身が責任者を務める事業の顧客獲得を見据えて『チラＣＥＯ』をご利用いただきました。岩﨑様の信念として、「自分が売れないものは絶対に売れない」という考え方を大切にしており、売り方を創っていく目的で自ら商談に臨んでいただきました。

商談を進めていく中で、どういう伝え方をすると伝わりやすいか、どの言葉がキーメッセージになるか、顧客がどのような反応をするかを手触り感をもって理解していきました。事業を創っている本人が、現場から上がってくる定量的な数値報告に加えて、定性的な現場の解像度を上げることで、商談の仕方や提案資料の標準化を目指しました。さらに、一度できた型も、ずっと同じ売り方をしていると受注率は自然と落ちていくという理由から、今でも定期的に商談対応し、メンテナンスをしてくださっています。

また、一方的なガチガチの営業商談ではなく、決裁者同士が相互に商談し合うことによって、自身の目的を伝えれば適切なフィードバックが返ってくるのも有難いと仰っていました。岩﨑様の場合は、「このような目的をもってお伝えしたのですが、実際にどう感じましたか？魅力的に映らなかった場合、どのように感じましたか？」などと伺いながら、事業をブラッシュアップしていったそうです。そのプロセスの中で、自分たちの強みを客観的に捉え、言語化が進んでいきました。結果として、その後の事業拡大の礎を創ることができたそうです。

さらに、常に様々な課題を頭の中にもったまま相手のサービス内容を聞いていると、見識が広がることはもちろん、思わぬところで課題解決に転用できるヒントがあったりして、『チラＣＥＯ』を通して定量的な成果を残しつつ、定性的な効果も感じていただきました。

岩崎様は、経営として描いた戦略をどのように顧客へ届けていくか、それを戦略も事業も理解している自分自身が率先しておこなうことを大切にされているそうです。それを進める環境として良かったと仰っていただきました。

数千人規模のプライム上場企業の取締役でもこのようなマインドで商談に出ている姿を見て、僕自身もオンリーストーリーがどんなに大きくなっても、現場の手触り感を大切にし続けようと思えた、また、決裁者同士が繋がることで戦略の実現を前進させる使い方に繋がるのだと教えてもらった、印象的な事例です。

5.7　あなたの不安はやがて誰かの希望に変わる

『チラCEO』導入前によくいただく不安と、それを乗り越えた事例をお伝えしてきましたが、他にもよく聞く不安やそれを乗り越えた事例はまだまだあります。

・一社一社の受注では費用対効果が得られない不安

商材単価が低く、一社一社の顧客を開拓しているだけでは、費用対効果が見込めないというケースがあります。その場合は、一つの商談で1個の受注を出すのではなく、一つの商談で10個の受注を出す運用を推奨しています。代理店や販売パートナーの獲得目的で使うパターンです。『チラＣＥＯ』で直接お客様候補に会うのではなく、『チラＣＥＯ』で出会った人を介してお客様候補に会うという方法です。

実際に、ＨＲテックのベンチャー企業が、代理店開拓を成功させた事例もあります。そのプロセスで、当初人事領域のコンサルティング会社が適しているという仮説であったところ、実際は研修会社でモデルケースが生まれ、代理店のターゲット条件が明確化され、代理店制度構築の礎を築くことができました。

顧客ターゲットに限らず、パートナー企業のターゲットも、決裁者マッチングだからこそ精度が上がっていくこと、また、決裁者同士が繋がることでその連携実現が強化・推進されることを学んだ事例です。

・ＢtoＣサービスをＢtoＢサービスに無事に移行できるか不安

これまでＢtoＣで展開してきたサービスを、ＢtoＢに移行していきたいというタイミングでご相談いただいたことは過去に何度もあります。教育コンテンツサービスや、福利厚生サービスなど、いくつもその立ち上げをサポートしてきた実例があります。

これらの企業は共通して、ここまでご紹介してきた

事例①　ターゲット条件が明確になっていなくて不安
事例②　事業内容が固まっていなくて不安
事例④　新しい概念のサービスが受け入れられるか不安

に近い不安を抱えている中で、決裁者マッチングならではの効果を通して、事業立ち上げに成功していきました。認知獲得をしながら実績を積み重ね、その実績を元に、さらなる営業活動を強化できる。こういうタイミングの企業様にとって、『チラＣＥＯ』は有効な手段であると思います。

他には、まだ具体的な事例はお伝えしきれませんが、よくある不安と解消案があります。

・営業力がなくて不安

決裁者に対して、プッシュ型でアプローチをする手法だからこそ、提案力は非常に大切です。だからこそ、営業力や提案力に自信がない方は、不安を覚えるのは当然です。今まで既存顧客からの紹介やリピートで顧客を獲得してきて、新たな施策に挑戦しようとするタイミングでご相談を受けることが多く、制作会社やクリエイティブ会社など、良いものを創ってきた会社に多く見られます。

もちろん提案力を上げることは必要ですし、これから取り組んでほしいものの、僕はそのままでも成果を上げることはできると考えています。むしろ、そういう方だからこそ「営業しなきゃ！売り込まなきゃ！」と頑張る方が、かえって成果と逆行するように思います。

今までリピートや紹介で成り立ってきたということは、それほど信頼できる素晴らしい会社であると僕は捉えます。だからこそ、顧客像が近しい、紹介をもらえるパートナー企業を広げ、リファラル導線を強化する目的で決裁者マッチングに取り組む方が、自社の強みを活かした営業方針であり、『チラCEO』の最適な活用方法だと思うのです。

・ターゲット条件が狭くて不安

事例⑤のように、新規事業まで立ち上げてしまうのはかなりのバイタリティが必要です。ターゲットが狭い、いわゆるバーティカル商材を扱う会社に関しては、『チラCEO』は正直相性が良いとは言えず、お断りしてしまうケースもあります。ですが、ターゲットが狭い方は、本当に集客手段がなくて困っていることも知っています。そこで、『チラCEO』を活かして力になる方法を創り出したいと思っています。

例えば、今回打ち出していきたいサービス以外にもっている事業はありませんか？　特に打ち出したい事業自体はターゲット条件が狭いが、裏側に基幹事業、かつ、ターゲット条件が広い別のサービスがあるとします。決裁者マッチングの面白さは、商材とニーズのマッチングではなく、決裁者と決裁者を繋ぐ人のマッチングであるため、着地はどの事業になっても問題ありません。ターゲット条件が広い既存事業で費用対効果を最低限獲得し、ターゲットが狭い新規事業の事例をピンポイントで積み重ねて、真の目的を達成する。そのような活用をすることで、費用対効果を実現しながら、特に打ち出したい事業の拡大も実現する。そんな使い方ができるのも、決裁者マッチングサービスならではです。

あるいは、僕たちが繋がる7、200名の決裁者の中にターゲットがいなくても、その先にはターゲットがおそらくいるはずです。であれば、代理店やパートナー候補として決裁者と繋がり、一社を介してベストターゲットにたどりつく方針もあり得ます。結局のところ、紹介導線の質が一番高いので、紹介でベストターゲットにたどり着く導線を確立していくために、決裁者とのつながりを活かすという選択肢もあるのです。

これらの不安を乗り越えた事例を、実名を交えてお伝えしなかったのは、皆様にお伝えできるほど具体的なモデルケースを今まさに創っているフェーズだからです。ですが、先述した僕が考える突破口のアイデアを信じて、今リアルタイムで実績づくりに取り組んでいる方々がいらっしゃいます。

「自分の絶望はやがて誰かの希望に変わる」という、自作の座右の銘があります。

先述した事例も、はじめは前例がないところから生まれています。どんな活用方法にも、必ずパイオニアがいるのです。僕は、挑戦を決めた人と新たな一歩を踏み出し、今までにない前例をつくることが好きです。その結果、やがて未来で同じ不安をもつ人にとって、希望に変わる日がくるからです。

重要なのは、成果が出ないことを、『チラＣＥＯ』のせいにするのか、自分のせいにするかだと思います。『チラＣＥＯ』がダメだと考えるのではなく、『チラＣＥＯ』をどうやったら使い倒せるかと考えることだと思います。総じて、上手く成果を上げている方は後者の考え方をもっています。

『チラＣＥＯ』を例にとると、ポジショントークに聞こえるかもしれませんが、これはもちろん『チラＣＥＯ』に限らず、どの営業手法でも、どのサービスでも、同じことが言えます。少なくとも僕自身は、自分がサービスを受ける側に立った時にはそう考えています。逆に言えば、自分次第で必ず成果は出せるのです。

その上で、僕は『チラＣＥＯ』の可能性をもっと広げ、もっと多くの企業がもつ不安を解消できるサービスにしていくために、皆様と新しい事例を一緒に創っていきたいです。そして、次回の書籍では、あなたと創った新たな事例がここに記されて、未来でＢtoＢ営業に困る人にとっての新たな希望となるモデルケースを確立している姿を想い描きながら、一緒に方法を考えていきたいです。現時点で皆様の不安は全てぬぐえないと思いますが、少しでも可能性を感じたり、相談したいと思ったら、ぜひお声掛けください。一緒に前例を創りましょう！（巻末に僕と直接アポイント調整ができるＱＲ

コードを添付しています）

もちろん、『チラＣＥＯ』を通して成果を上げる絵を全力で考えますが、それでも全く可能性が見いだせなければ、無理に推すことはありません。あくまでも『チラＣＥＯ』は手段であり、皆様の課題解決が目的だからです。そして、僕たちが力になれない場合は、「有料会員」の中にいる素晴らしい営業支援会社を紹介することで、お力添えします。

第6章

決裁者マッチングの先に広がる世界

～社会に対して僕たちが果たす役割～

第5章の事例を読んで皆様は何を感じたでしょうか？　僕は、ここで改めて、これまで『チラCEO』をご活用いただいた全ての皆様へ、感謝の気持ちをお伝えしたいです。

10年前、僕たちが『チラCEO』をはじめた頃は、決裁者マッチングという概念は世の中にありませんでした。まさに事例④のように、新しい概念を打ち出した状況でした。それから10年、紆余曲折ありながらも今日まで進んでこられたのは、その未知の選択肢を信じて、お金をかけて飛び込んでくださり、成果を出すために全力で取り組んでくれた皆様のおかげです。

前章で「あなたの不安はやがて誰かの希望に変わる」とカッコいい言葉を使いましたが、その不安を乗り越えて『チラCEO』を信じて導入し、僕たちのつながりを活かし、ここでお話しできるような実例を創ってくださったのは、まぎれもなく皆様の努力の賜物です。どんなに良いおつなぎをしても、活かしていただかないと結果には繋がりません。僕たち自身も、日々皆様から活用方法を学ばせていただき、決裁者マッチングサービスがもつ可能性に気づかせていただいています。

もちろん、本書で取り上げきれない数々のドラマや活用事例はまだまだあります。サービスページや資料に入れられていないものも多く、もっと伝えていくべき内容がたくさんあるので、これからコンテンツも充実させて、発信も強めていきたいと思います。

一方で、『チラＣＥＯ』を信じてくださったのに、上手く成果が上がらなかったり、ご迷惑をおかけしてしまったりしたケースも、もちろんあります。そういった方々に向けては、ここまで書いてきたことがきれいごとに見えてしまっているかもしれません。僕たちは『チラＣＥＯ』のお客様へ貢献できなかった悔しい想いもたくさんあり、二度と同じことを繰り返さないようにと、一歩一歩前に進んできた結果、今日時点で本書へ記した内容に行きつきました。もちろん、まだまだ伸びしろを感じる部分も自覚しているので、今後さらに深めていきたいと考えています。一つだけお伝えしたいのは、ここに記した内容にたどり着いたのは、皆様の存在があったからです。改めて、ありがとうございます。

だからこそ、これからご利用いただく方が１００％に限りなく近い確率で成功していけるように、まだ決裁者マッチングサービスを知らない方へ新しい選択肢が届くように、過去に上手くいかなかった方もなぜ上手くいかなかったかのヒントになるように、事前に決裁者マッチングサービスについて正しく理解をして適切な期待をもって利用していただけるように、そんな思いから本書の執筆に至りました。これまでの内容を振り返りながらご活用いただければ、成果に結びつけることができると信じています。

そして、これから先も、お客様と共に新しい活用事例、そして、さらに良いサービスを創り上げていくことを約束いたします。その上で、僕たちが描いている、その先にある世界について、最終章では話していきたいと思います。

6.1 Keyperson Based Matching ～僕たちが目指すおつなぎ～

最近では、Account Based Marketing（ABM）という、ターゲット企業の精度を高めて、明確な企業群に対してアプローチを進める営業手法が話題になっています。そして、『チラCEO』はその一歩先、ターゲット企業の決裁者に直接提案ができる機会を提供するサービ

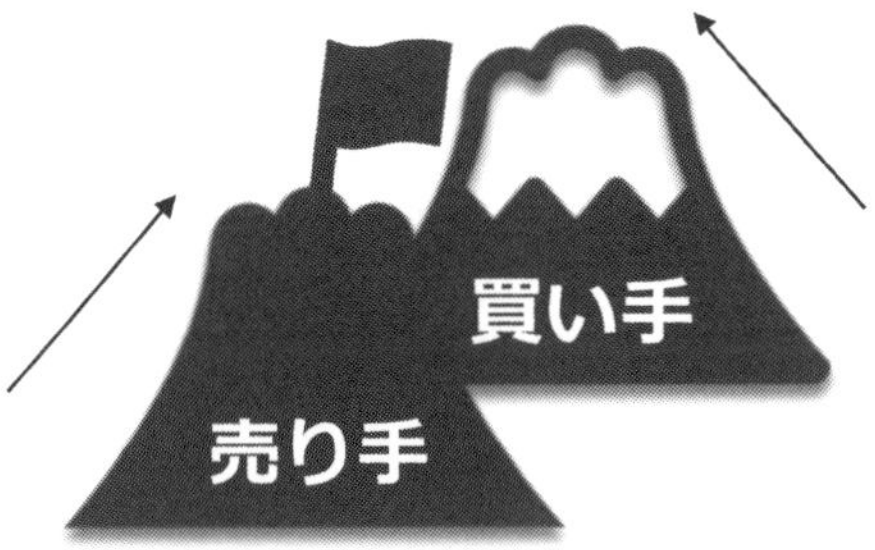
Keyperson Based Marketingの場合
買い手の山の頂上を見ずに売り手だけが登頂して満足する

スです。僕たちはこの手法を、Keyperson Based Marketing（ＫＢＭ）と言語化しています。本書はＢtoＢ営業をおこなっていて、集客部分を課題に抱えている方向けに、ＫＢＭという新しい選択肢がもつ可能性をお伝えしてきました。

しかし、実は、Keyperson Based Marketing の真髄についての理解は、この時点ではまだ半分です。なぜかというと、これだけではあくまでも売り手側の目線にしか立っておらず、買い手側である決裁者の目線が不足しているからです。だからこそ、これまで本書でも、受け手となる決裁者側の理解を深めるための情報をお伝えしてきたつもりです。

その背景には、株式会社オンリーストーリーの歴史と価値観が関係しています。第2章で述べた通り、僕たちは元々決裁者マッチングサービスありきではじまった会社ではなく、無料インタビューを通して経営者を応援したいという想いからはじまった会社です。つまり、出発点は、決裁者側に立っているのです。

それから『チラCEO』が完成し、経営者側の力になり続けるために、自分たちが食べていくために、BtoB企業の集客課題を解決するために、決裁者アポイント獲得支援サービスが生まれました。今思うと、このビジネスモデルを考え出した代表の平野は、すごいと思います。まさに三方良しという表現が相応しい、理想的なビジネスモデルだと思います。

そこからプロとしてBtoB営業支援領域で伸びてきたからこそ、僕たちは決裁者マッチング屋さんになりました。もちろん、生業としてはその責任を果たすものの、どうしても受け手側である決裁者の目線や価値観も気になっていたのです。

例えば、「有料会員」目線で見たらガンガン営業アポイントを繋いでほしい気持ちもわかりますが、「無料会員」目線で見るとただの売り込みになる構図や、喜んでいただけそうにない構図のマッチングは気が引けます。僕たちがただの営業代行会社で、売る側の目線に100％立っているのであれば、何も迷うことはないかもしれませんが、買う側の目線にも100％立つことができるからこそ、その狭間で迷うことはありました。割り切って売り手目線だけに立った方が、いろいろと楽だったかもしれません。

でも、逆に言えば、迷うということは、その両方を大切にしたいと思っている証拠でもあります。僕たちにとっては、お金をいただいている「有料会員」も、お金をいただいていない「無料会員」も、大切なつながりであることは間違いありません。もちろん、プロとしては「有料会員」を優先すべきですが、受け手側の「無料会員」目線ももち合わせなければ、結果として「有料会員」へ、永続的に良いつながりを創り出すことが難しくなるからです。

だからこそ、売り手側に過度に寄り過ぎると、三方悪しの構造になる恐れがあります。一方、買い手側にも寄り添ったおつなぎができれば、三方良しの構造に繋がるはずなのです。僕たちはそう信じており、双方にとって喜ばれるおつなぎを生み出し続けたい、そうすれば、一つのおつなぎで二社が同時に幸せになり、倍々のスピードで世の中に価値を創り出すことができます。

つまり、僕たちが目指すおつなぎは、「決裁者に売りたい」という売り手目線に寄った一方重視のマーケティングではなく、「こういう人に相談したい」という買い手目線にも寄り添った双方重視のマッチングであり、これがＢtoＢ営業を成功に導く真のＫＢＭ（Keyperson Based Matching）であると考えています。

本来、営業とは、相手が喜ぶものを差し出す、素晴らしい活動だと僕は信じています。Keyperson Based Matchingを通して、三方良しのつながりを生み出し、ＢtoＢ企業の営業課題を解決しうる、同時に、世の中の決裁者が抱える課題を解決しうる、そんなつながりを創り続けることを目指しています。そのためにも、双方を審査し、前提認識が誤らない形で参画いただき、信頼の置ける方同士が繋がり合える場になるよう、力を注いでいきます。

さらに、『チラＣＥＯ』をご利用いただく方々は、僕たちにとってお客様であることに加

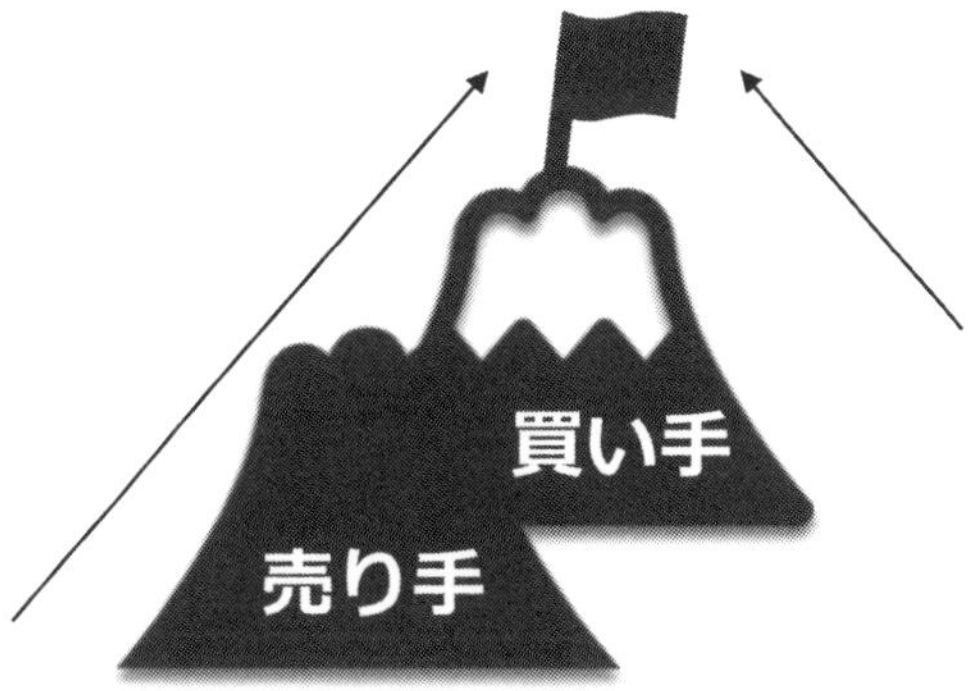
Keyperson Based Matchingの場合
買い手の山の頂上を見て出会い、共に登頂する
買い手
売り手

えて、共に世の中を良くしていく仲間だと思っています。なぜならば、素晴らしい活動をしている企業の経営者や決裁者の課題を解決し、その会社の理念やビジョン、ミッションの実現をサポートすることで、その先にある社会をより良くしていくことに繋がると信じているからです。だからこそ、提案の受け手側も応援したい素敵な人を増やし、提案をする側も同じ目線で取り組んでいける人を増やし、良い世の中を創っていくパートナーとして共に歩んでいきたいと考えています。だからこそ、想いを同じくして決裁者と繋がっていく人が増え、理想的なおつなぎが生まれ続ける状態を目指したいのです。

6.2 ONLY STORYをOUR STORYに ～あなたを必要とする人が必ずいる～

僕が2期目の株式会社オンリーストーリーに、第一号メンバーとして参画してから早9年が経ち、個人としても7，000人の決裁者とお会いしてきました。それでも毎日思うことがあります。まだまだ知らない会社がたくさんあり、知らない世界が今でもあるということです。交流会に足を運んでも、毎日のお打ち合わせで出会う方も、初めましての方がたくさんいます。

そして、同時に各社が素晴らしい想いをもって、素敵な活動をされていると感じます。表面的にはウェブ制作とか、広告運用とか、人材紹介とか、差別化が見えづらいサービスをおこなっているとしても、必ずその裏には起業家一人ひとりの想いや背景があり、それは唯一無二のものです。それを知ると、この人にお願いしたいなとか、この課題があったらこの人に相談したいなとか、素直な感情が湧いてきます。

さらに、深掘りしていくと、各社で強みと弱みが必ず違います。例えば、ウェブ制作会社でも、実は飲食店向けのサイト制作実績が豊富でその業界に関しては知見が深いけれどITSaaS業界だと実績がなくて疎いとか、組織開発コンサルで都内のベンチャー創業者を得意としている会社があれば地方のレガシー企業の二代目三代目社長を得意としている会社があるとか、開発会社でもソフトウェアはいけるけどハードウェアはできないとかその逆とか、テキストでパッと見ると同じような会社に見えても、詳しく聞いていけば実は全く違うのです。

だからこそ、一社一社がもっている役割、強みと弱みがあり、それを最大限発揮することができる出会いがあれば、必ず良い御縁になると考えています。その強みと弱みを正しく把握しておき、課題をもっている方の状況に合わせて適切な人と繋がっていくことができれば、双方が喜ぶつながりになるはずです。

例えば僕であれば、日々BtoB営業のアポイント獲得に関する相談が入ってきますが、『チラCEO』が合わなければ、『チラCEO』にご契約いただいている信頼置けるアポイント獲得支援会社を紹介しています。目先の売上を重視して、無理に『チラＣＥＯ』を受注しても、期待に沿えないのであれば、お互いにとって良くありません。そうであれば、対応が難しい領域はその領域に強い他社にお願いした方が、課題をもっている側も、サービス提供側も、良いつながりになると思うのです。

そういう意味では、いわゆる同業他社同士は、競合関係になるのではなく、協力関係になる方が、理想的なのではないかなと思います。同業だと、同じような課題や相談が入ってきやすいので、紹介の発生頻度も高いと思うからです。そこで相手の状況に合わせて適切な強みをもった方が対応するような、横の連携を強めることで最適な案件に対応し合うという協力関係も築けるのではないかと考えたりもします。例えば、開発業界の方々は、日頃から既にこのような関係性で仕事が回っている印象があります。

もちろんこれは理想論だと思いますが、Keyperson Based Matching のように三方良しのつながりを考えていくと、そのような世界も実現できるのではないかと思い描いています。

同時に、その深い部分までを正しく理解され、知ってもらうことはなかなか難しいという現状もわかってきました。だからこそ、決裁者にまずは自社のことを知ってもらうこと、正しく自社を認知されることの重要性を実感しています。そして、その場を創る役割を『チラCEO』や僕たちが担っているのだろうと認識しています。

僕は、一人ひとりの人間が使命をもって生まれてきているように、一社一社の法人も生まれてきた意味があると信じています。だからこそ、皆様や、皆様が提供するサービスのことを必要としている会社は、必ずあります。なければ、今まで経営が継続できていないはずです。皆様を必要としている人と繋がり、正しく自分たちの特徴を認知してもらい、結果としてビジネスが生まれる場として、僕たちの存在が機能できれば嬉しいです。

こうして、自分だけのストーリー（ONLY STORY）が、自分たちのストーリー（OUR STORY）になり、互いが尊重し、活かし合い、繋がる。その先に、一社一社がもつ理念や、ビジョンや、ミッションが実現していくことで、必ず世の中は良くなっていくと信じています。その最初のきっかけとなる出会いをつくったのは振り返ると実は『チラCE

O』だった、それが僕たちの存在意義であると捉えています。

6.3 決裁者の相棒として居続ける ～日本一のNo2になる～

「経営者は孤独」とよく言われますが、これまでたくさんの経営者と出会ってきてその言葉の意味がわかってきた気がします。僕は株式会社オンリーストーリーのNo2として約9年間、代表の平野の横で共に歩んできました。お互いにかなり深い部分まで相談しあえる仲だと思っておりますが、どうしても社長とNo2だと目線に大きな差があります。友人の経営者は、社長とNo2の差は、No2と新卒の差以上に大きいと言っていました。同じ目線になろうとしても、100%同じ目線になれることはなかなか難しいと思います。むしろ、実際に社長にならないと不可能だと思います。

平野や周りの社長を見ていて感じたことは、誰よりもリスクを背負って挑戦している経営者や決裁者には、理解者と応援者が必要だということでした。僕たちは、経営者や決裁者と呼ばれる方々の悩みや課題を解決することは、大きな意義があると考えています。なぜなら、その課題を解決すれば、その会社が良くなり、その会社で働くメンバーが良くなり、メンバーの先にいるお客様が良くなり、その先にある社会がより良くなっていくと信じているからです。決裁者の課題を解決することは、社会を良くする第一歩です。僕たちは直接課題を解決することはできなくても、その課題を解決しうるつながりを提供することができます。そういった役割として、社会に貢献していると捉えています。

僕個人の目標としては、【日本一のＮｏ２になる】ことを目指しています。これは、株式会社オンリーストーリーを日本一の会社にして、そのＮｏ２としての役割を果たすという目線はもちろんのこと、弊社の存在が日本一多くの経営者や決裁者にとってのＮｏ２、つまり、相棒のような存在になることも意図しています。

経営者の方と話をしていて、人が離れていくことが一番怖いと仰る方が多いと聞きます。「社長、話があるのですが」という言葉が一番嫌だと仰る人も多いです。つまり、経営者や決裁者にとっては、常に横に居続ける存在が大切だと思います。だからこそ、僕たちは、「決裁者の相棒として居続ける」というあり方を大切にしています。常に横に居て、寄り添い、必要なつながりを届けてくれる、そんな存在になれるようサービスを磨き込んでいきます。

そして、中長期的に歩んでいきながら、点を線にして、エピソードをストーリーにしながら、皆様のＯＮＬＹ ＳＴＯＲＹ実現に貢献できることを楽しみにしています！

おわりに
～御縁があれば何でもできる！～

「恩送り」

僕が日々生きる中で大切にしている言葉の一つです。

20歳の時、ヒッチハイクで日本一周の旅をしました。1ヶ月1万円生活というルールの中で、189日かけて349台の車にお世話になり、47都道府県を周ることができました。結果として半年間6万円で日本一周ができたのは、僕だけの力ではありません。

ヒッチハイクの旅なので、車に乗せてくれる人がいたから前に進めました。ご飯をご馳走してくれた人もいました。飲み物をご馳走してくれた人もいました。家に泊めてくれた人もいました。友達に連絡して協力を依頼してくれた人もいました。中には、お金をくれる人までいました。半年間6万円でまわった旅のはずなのに、家に帰ったら財布に10万円が入っていました。お金の概念が壊れました。そんな経験ができたのは、たくさんの人の優しさと出会ったからでした。

誰一人欠けてもなし得なかった旅を終えたとき、僕は人と人との全ての出会いは絶好のタイミングで訪れること、全ての出会いに意味があることを知りました。出会いがあれば不可能は可能になること、御縁があれば何でもできることを確信しました。

一方、旅をはじめた頃のまだまだ若かった僕は、毎日触れる人の優しさに、最初はラッキーだと感じていました。しかし、多くの人から優しさを受け取る中で、優しさを受け止めきれなくなりました。「なんでここまでしてくれるんですか」と、恐れ多くなりお断りした時もありました。ですが、「こちらはやりたくてやっているのだから、素直に受け取ってよ」という声をかけていただき、徐々に有難く受け取れるようになっていきました。

たくさんの優しさを受け取ると、次はその優しさに応えたいという感情が芽生えました。

おわりに

僕は「将来ビッグになって恩返しに来ます！」と純粋な気持ちでお伝えしました。でも、皆口をそろえて言いました。

「たしかに直接返してもらえたら嬉しい気持ちもあるけど、この出会いは一期一会。一番嬉しいことは君が今の気持ちを忘れずに、将来同じような旅人をみつけたときにその人を助けてあげたり、日常生活で困っている人をみかけたときに助けてあげたり、そうやって他の人に返してくれることが一番の恩返しになるんだよ。」

はじめて聞いた時は、こんなに心がきれいな人が世の中にいるのかと驚きました。ですが、さらにびっくりしたのは、これと同じ言葉を毎日毎日、出会った老若男女数百人からいただいたことです。僕は、これだけ多くの人から同じメッセージをいただいたからこそ、人生をかけてこの考え方を受け継ぎ、体現し続ける責任があると感じました。それが、恩を直接返す「恩返し」ではなく、いただいた恩を次の人へ送っていく「恩送り」です。僕は、旅を終えたら恩送りができる人生を歩むと決めました。

旅を終えた僕は、自分にどんな恩送りができるかを考えました。ですが、当時の僕には、知識も経験もスキルもノウハウも何もありません。その時に唯一自信をもてたことが、良い御縁をいただけるという特性でした。

そこで、どこかで出会ったAさんと、別の場所で出会ったBさんをおつなぎすることが、僕にしかできない恩送りであり、むしろ、直接恩返しにもなるということに気づきました。

そこから僕は、恩送りの一つの形として、縁つなぎをはじめました。旅を終えた学生時代の後半は、イベントを通して多くの御縁を生みだしました。延べ1、000人以上の御縁を結び、結果として僕が繋いだ御縁から結婚も数組生まれました。

そして、大学を卒業する頃には、ボランティアではなく、その道のプロとして、人を繋ぐことへ挑戦したいと思っていたところ、『チラCEO』に出会いました。そして、就職もせずにオンリーストーリーに飛び込み、ビジネスとして縁つなぎを続けてきました。ボランティアではなくプロとして縁を繋ぐからこそ、ただ楽しく繋ぐだけではない難しさや葛藤もたく

おわりに

さんありましたが、9年以上ここに向き合ってきたことで、少しずつその真髄に近づいてきたような気がしています。

こうして個人にとどまらず、会社としても10年以上続けてきた縁つなぎ。10年前の僕には、これが唯一できる恩送りの形でした。その結果、今では毎日息を吸うように人を繋いでいます。そして、これから先の人生でも、この恩送りは常にやり続けるものだと確信しています。

一方、既に12年間、縁つなぎという形に絞って恩送りをしてきて、僕の中で、最近は「今の自分には新しい形の恩送りもできるかもしれない」と感じはじめました。それが、経験の恩送りです。

入社当時から100倍以上になった売上成長を見てきた営業管掌役員としての経験、No2として生き続けてきた経験、数千人の決裁者からBtoB営業の相談を受けてきた経験、その相談を一緒に解決しようと臨んだ数千件の商談経験、僕自身が取り組んできたことや向き合ってきこと、そこで得た成功体験だけではなく失敗経験が、誰かに恩送りできるかもしれないと考えていました。

これだけ多くの恩を受け取った僕だからこそ、僕にできる形で恩送りをやり続けたい。元々は縁を送ることしかできなかったところに、経験を送ることもできるかもと思いはじめていたときに、今回の出版の話をいただきました。もしかしたら新しい恩送りができる機会になるかもしれないと思い、このチャンスに力を借りることにしました。21歳からはじめた縁つなぎという恩送りの旅。ちょうど干支が一周する12年、33歳を迎える今、これからは縁つなぎに加えて経験という恩送りの旅がはじまります。

その一歩目として本書が、まさに、自分が絶望した経験が誰かの悩みを解決に向けて一歩前に進める希望に変わる瞬間に繋がるような、きっかけの本になっていたらこの上なく嬉しいです。

そして、この本を読んだ方同士が出会い、三方良しのつながりが生まれ、世の中の決裁者が抱える課題が解決に向けて一歩前進し、一社一社の状態が良くなり、そこで働く人たちが良くなり、その先にいるお客様が良くなり、その先に広がる社会が良くなり、やがて僕が昔日本中でお世話になった人たちへ恩がめぐっていくことを心から願っています。

末尾になりますが、この度の出版のきっかけをくださった株式会社スカイの山本さん、短期間で急ピッチに進めた執筆活動を共に伴走してくださった立川さん、納期が迫る中で事例掲載の協力をいただいた皆様、納期直前に作図協力してくださった木村さん、鎌田さん、執筆活動中に業務がパツパツになったときに支えてくれた代表のてつさんや社員メンバーたち、そして、執筆納期直前になかなか家に帰れず寂しい想いをさせてしまった4歳の娘・0歳の息子と、その期間をワンオペで支えてくれた妻へ、最大限の感謝を込めて、「ありがとう」と伝えたいです。本当に誰一人かけても本書は完成しませんでした。そして、読者のあなたも、ここまでお読みいただきまして、ありがとうございます。本書をきっかけに、たくさんの素晴らしい御縁が世の中に広がっていくことを願って、筆をおかせていただきます。

御縁があれば何でもできる！

川角健太（かわすみけんた）

1991年10月2日、アメリカのボストンで誕生。

2015年3月に法政大学人間環境学部を卒業。学生時代はヒッチハイクで日本一周、バスでアメリカ横断、バックパックで世界一周など、日本二周、世界一周の旅をする中で出会った人たちに命を救われ、御縁の大切さを知る。

旅後は御縁つなぎのイベンターとして活動し、複数のコミュニティやイベントを立ち上げ、延べ1,000名以上の御縁を生みだす。そのまま縁を繋ぐプロになるため、起業を志し、就職活動をせずに生きる道を選ぶ。

大学卒業直後の2015年4月、縁あって当時代表一人と学生インターン生数名だった2期目の株式会社オンリーストーリーに、起業に向けた修行のためインターン生として入社。事業活動を通して、代表の平野哲也と目指す会社像・世界観の合致を感じ、経営パートナーとして共に歩むことを決断。入社半年後の２０１５年11月、初の正式メンバーとして取締役ＣＯＯに就任。

取締役ＣＯＯとしては営業部門を中心にビジネスサイドを管掌し、入社当時から１００倍以上になった売上を牽引。ＢtoＢ企業の決裁者から累計3、０００件を超える営業相談を受け、９年間で出会った決裁者は7、０００人以上。

一つひとつの御縁を大切にしながら、決裁者マッチングを通して、ＢtoＢ企業の営業課題解決と、経営者の経営課題解決を同時に実現できるよう、個人としても会社としても毎日縁つなぎを続けている。

＼読者アンケート／
ぜひ感想をお聞かせください！

＊上記QRコードから、
著者：川角とのMTG設定も可能です。

決裁者マッチング　BtoB 営業で圧倒的に成果を出す

2024 年 11 月 20 日　初版発行

著　者：川角健太

印刷所：中央精版印刷株式会社

発　行：株式会社オンリーストーリー
〒 107-0052 東京都港区赤坂一丁目 14 番 14 号 第 35 興和ビル 515
tel 03-6821-7872（代表番号）
kawasumi@onlystory.co.jp（川角直通）

発　売：株式会社ビーパブリッシング
〒 154-0005 東京都世田谷区三宿 2-17-12
tel 080-8120-3434

ISBN 978-4-910837-70-3 C0034